Psychiatrie im Nationalsozialismus

Psychiatrie im Nationalsozialismus

Ein Tagungsbericht des Landeswohlfahrtsverbandes Hessen

LWV

CIP-Kurztitelaufnahme der Deutschen Bibliothek:
Psychiatrie im Nationalsozialismus.
Auswirkungen der NS-Psychiatrie auf hessische Einrichtungen.
Ein Tagungsbericht des Landeswohlfahrtsverbandes Hessen.
Kassel: Eigenverlag des Landeswohlfahrtsverbandes Hessen, 1989

ISBN 3-89203-007-3

Herausgeber:	Landeswohlfahrtsverband Hessen (LWV)
Redaktion:	Peter Lutze, Dr. Gisela Heimbach
Gestaltung:	Rolf Gerner
Herstellung:	Druckhaus Thiele und Schwarz GmbH, Kassel

Als die Nazis die Kommunisten holten,
habe ich geschwiegen;
ich war ja kein Kommunist.

Als sie die Sozialdemokraten einsperrten,
habe ich geschwiegen;
ich war ja kein Sozialdemokrat.

Als sie die Gewerkschaftler holten,
habe ich nicht protestiert;
ich war ja kein Gewerkschaftler.

Als sie mich holten,
gab es keinen mehr, der protestierte.

Martin Niemöller

Inhalt

IRMGARD GAERTNER

Alle sind betroffen – NS-Psychiatrie in Hessen

Die Aussage „Alle sind betroffen“ hat einen doppelten Sinn:

- Sie beinhaltet emotionale Betroffenheit. Die Nationalsozialisten unterschieden zwischen produktiven und unproduktiven Menschen, sie befanden über das Leben von kranken und behinderten Menschen nach deren Nützlichkeit. Die unproduktiven Geisteskranken wurden in der schrecklichen Sprache der Nationalsozialisten als „lebensunwert“ bezeichnet.

- „Alle sind betroffen“ bedeutet: die Zwangssterilisation und Ermordung von kranken und behinderten Menschen läßt sich weder örtlich noch zeitlich noch personell eng begrenzen. Die „Euthanasie“-Verbrechen wurden nicht nur an einigen wenigen Orten (z. B. Hadamar), nicht nur innerhalb einiger weniger Jahre und nicht nur von einigen wenigen Verbrechern begangen. Das Schreckliche, das sich zwischen 1934 und 1945 in den Heil- und Pflegeanstalten abspielte, hatte eine lange Vorgeschichte.[1] Die Nachgeschichte ist bis heute noch nicht abgeschlossen.[2]

Am hessischen Beispiel soll belegt werden, daß nicht nur in Hadamar getötet wurde, sondern daß alle Einrichtungen in der Trägerschaft der damaligen beiden Bezirkskommunalverbände Kassel und Wiesbaden und auch die damals staatlichen Einrichtungen im Gebiet Hessen-Darmstadt an den Ereignissen beteiligt waren.

Zur Vernichtung des „lebensunwerten“ Lebens mißbrauchten die Nationalsozialisten bekanntlich vorzugsweise bestehende soziale Einrichtungen:

- Die damalige Landesheil- und Pflegeanstalt in Hadamar steht spätestens seit der Holocaust-Fernsehserie als Synonym für das Massenmordprogramm an Kranken und Behinderten. Dort wurden in der sogenannten T 4- oder

1 NOWAK (1984)
2 DÖRNER (1985)

„Euthanasie"-Aktion zwischen Januar und August 1941 über 10 000 Menschen durch Vergasen ermordet.[3]

Bis 1945 wurde weiter gemordet, vorrangig mit Medikamenten. Wir müssen davon ausgehen, daß den Mördern in diesem Zeitraum mehrere tausend weitere Menschen zum Opfer fielen, nicht nur Kranke und Behinderte, sondern auch erkrankte und damit „unproduktiv" gewordene Zwangsarbeiter aus Osteuropa sowie Kinder aus Ehen zwischen Juden und Nichtjuden, die sich in Fürsorgeerziehung befanden.[4]

- In speziell eingerichteten Kinderfachabteilungen wurden in der damaligen Landesheil- und Pflegeanstalt Eichberg[5] und in der damaligen Heilerziehungsanstalt Calmenhof in Idstein ca. 1000 kranke Kinder ermordet.[6]
- Aus praktisch allen anderen hessischen (und auch außerhessischen) Heil- und Pflegeanstalten, ich nenne den Eichberg, Gießen[7], Haina[8], Heppenheim[9], Herborn, Marburg[10], Merxhausen[11], Weilmünster[12], und das Philippshospital[13], wurden die Patienten direkt oder auf Umwegen nach Hadamar verlegt, um dort ermordet zu werden. Auch in Einrichtungen anderer Träger, ich nenne die Diakonischen Anstalten Hephata, in Treysa[14] und Scheuern[15] im heutigen Rheinland-Pfalz, waren die Patienten nicht sicher. Viele von ihnen wurden von dort direkt oder ebenfalls auf Umwegen nach Hadamar verlegt und dort ermordet.

In den Einrichtungen selbst verschlechterten sich die Lebensbedingungen für die verbliebenen, arbeitsfähigen Patienten dramatisch.

- Durch Schließungen vor allem der kirchlichen Einrichtungen erhöhte sich die Belegung in Heil- und Pflegeanstalten. Auf dem Eichberg, der üblicherweise mit bis zu 800 Patienten belegt war, befanden sich im Jahr 1941 zeitweilig bis zu 1800 Patienten, 1942 bis 1945 schwankte die Belegung zwischen ca. 1200 und 1400 Patienten.[16]

  Die systematische Überbelegung der öffentlichen Einrichtungen war von der

3 Stöffler (1953, 1957, 1961)
4 Stöffler (1953, 1957, 1961)
5 Amler (1975), Dickel (1988)
6 Sick (1983)
7 Plaum (1982)
8 Klüppel (1984)
9 Daum/Debus (1986)
10 Klee (1986)
11 Klüppel (1984)
12 Stöffler (1953, 1957, 1961)
13 Kaminer (1983)
14 Göbel/Thormann (1985)
15 Stöffler (1957, 1961)
16 Amler (1975), Dickel (1988)

nationalsozialistischen Administration gründlich vorbereitet worden. Im Juni 1937 fand in der damaligen Landesheilanstalt Merxhausen eine Wirtschaftlichkeits- und Organisationsprüfung statt. Im abschließenden Bericht wurde festgestellt, daß es aus staatspolitischen Gründen notwendig sei, die Kranken aus den privaten Heilanstalten in die öffentliche Fürsorge zu überführen. Gleichzeitig wurde vorgeschlagen, die Bettenkapazität um ca. 200 zu erhöhen und eine durchschnittliche Belegung mit ca. 1100 Kranken anzustreben. Nach Berichten von Pflegerinnen aus der damaligen Zeit war Merxhausen mit ca. 900 Patienten bereits hoffnungslos überfüllt.[17]

- Zur ärztlichen Betreuung der Patienten des Eichbergs standen im Jahr 1943 ein Oberarzt, der zugleich die Funktion des ärztlichen Direktors innehatte, ein 65jähriger Arzt und eine rauschgiftsüchtige Ärztin zur Verfügung.[18]
- Durchgängig wurde die Ernährung qualitativ und quantitativ verschlechtert, spezielle Hungerstationen wurden eingerichtet. Es gibt ein Dokument aus der damaligen Landesheilanstalt Herborn, aus dem ersichtlich ist, daß die Schweine besseres Futter erhielten als die Patienten Essen bekamen.[19] Auf dem Eichberg durfte bereits ab 1937 Vollmilch an Geisteskranke nur noch auf begründete ärztliche Verordnung abgegeben werden.[20]
- In den 20er Jahren wurden zur Verbesserung der Ernährung der Patienten einige Gutshöfe erworben. Die z. B. auf dem Wacholderhof des Eichbergs erzeugten Lebensmittel kamen aber dann nicht mehr den Patienten zugute, sondern flossen in den Privathaushalt des NS-Landesrats Bernotat und in nationalsozialistische Schulungs- und Erholungsheime.[21] Die Ausgaben für die Beköstigung der Patienten in Haina sank von 0,93 RM (1931) auf 0,54 RM (1935); für den Eichberg wird als niedrigster Verpflegungssatz 0,32 RM (ohne Jahreszahl) angegeben.[22]
- Für den Eichberg wurde schon 1936 angeordnet, daß die Matratzen der Patienten zu verkaufen seien. Die Patienten hätten auf Strohsäcken zu schlafen. Damals gelang es den Mitarbeitern noch, die Durchführung dieser Anordnung durch Verzögerung zu verhindern.[23] Im Philippshospital mußten 1944 fast 350 Patienten auf Strohsäcken schlafen.[24]

Angesichts dieser Lebensbedingungen wundert es nicht, daß auf dem Eichberg in den Jahren zwischen 1941 und 1945 jährlich zwischen 470 und 750 Patienten

17 Klüppel (1983)
18 Amler (1975)
19 Haedke (1986)
20 Amler (1975)
21 Stöffler (1961)
22 Stöffler (1957, 1961)
23 Amler (1975)
24 Kaminer (1983)

verstarben.[25] Auch in der damaligen Landesheil- und Pflegeanstalt Marburg stieg die Sterblichkeitsrate dramatisch an: Von 2,5 % im Jahr 1935 auf 16,0 % im Jahre 1941[26], in Merxhausen betrug sie im Rechnungsjahr 1944/45 30,6 %).[27]

Ich sehe kein Argument, das dafür spräche, zwischen den durch Gas oder Medikamente Ermordeten und den Menschen, die aufgrund systematischer Vernachlässigung starben, zu unterscheiden. Eine solche Differenzierung wäre eine Beleidigung der Toten.

Auch an der zwangsweisen Sterilisation von Kranken und Behinderten waren die damaligen Landesheil- und Pflegeanstalten beteiligt.

- Ein Arzt des Philippshospitals war begutachtender Arzt am Erbgesundheitsgericht in Darmstadt, der ärztliche Direktor war Beisitzer des übergeordneten Erbgesundheitsobergerichts in Gießen. Die genaue Zahl der sterilisierten Patienten ist bisher nicht bekannt. Aus einigen Notizen ist zu ersehen, daß vom Philippshospital 1934 36 Anträge an das Erbgesundheitsgericht gestellt wurden.[28]
- Ab Juni 1936 wurden im Hauptbuch des Calmenhofes Sterilisationen vermerkt, 22 innerhalb von zwei Monaten.[29]
- In der Heil- und Pflegeanstalt Gießen sollen externe SS-Ärzte die zu sterilisierenden Patienten ausgewählt haben. Die speziell im Blick auf eine Sterilisierung zur Begutachtung eingewiesenen Patienten wurden von Ärzten des Hauses begutachtet.[30]
- Im Psychiatrischen Krankenhaus Herborn sind Unterlagen vorhanden, aus denen hervorgeht, daß dort 1934 bis 1939 fast 1200 Menschen zwangsweise sterilisiert wurden. Überwiegend handelte es sich nicht um Patienten der Anstalt, sondern um Personen, die zum Zweck der Sterilisation dorthin gebracht worden waren.[31]

Ich will die Bilanz des Grauens hier abbrechen, auch wenn sie weit davon entfernt ist, vollständig zu sein. Die Vielzahl der genannten Einrichtungen und die Schilderung dessen, was dort geschah, zeigen, daß die „Euthanasie“-Verbrechen der Nationalsozialisten nicht auf Hadamar oder einen anderen Ort begrenzt waren. Alle waren betroffen. Wenn eine Einrichtung nicht namentlich genannt wurde, ist dies kein Beleg dafür, daß sie nicht in das System der Menschenvernichtung eingebunden war. Die Erfahrung legt eher die Vermu-

25 Stöffler (1961)
26 Klee (1986)
27 Klüppel (1984)
28 Kaminer (1983)
29 Sick (1983)
30 Plaum (1982)
31 Haedke (1986)

tung nahe, daß dort die Spuren sorgfältiger verwischt wurden. Möglich ist auch, daß noch nicht nach Spuren gesucht wurde. Diese Tagung soll deshalb auch dazu anregen, weiter nach Spuren dieses dunklen Kapitels zu suchen, sie zu sichern und einer Auswertung zuzuführen.

Die Bundesrepublik Deutschland hat versucht, die von den Nationalsozialisten verursachten Schäden wiedergutzumachen. Im großen und ganzen ist dies gelungen. Doch für die wegen Krankheit und Behinderung Verfolgten, die Zwangssterilisierten und auch diejenigen, die die „Euthanasie"-Maßnahmen überlebt haben, wurde bisher keine letztlich befriedigende Entschädigungsregelung gefunden.[32]

Wiedergutmachen können wir verlorene Jugendjahre, entgangene Freude an eigenen Kindern und erlittene Todesangst nicht. Wir haben denen, die die nationalsozialistischen Verfolgungen und Qualen durchgestanden haben, unseren Respekt zu zollen, auch denen, die diese nicht haben durchstehen können. Dieser Respekt muß nach meiner Überzeugung auch in der Entschädigungsregelung seinen Ausdruck finden.

„Alle sind betroffen" im Sinne meiner Eingangsthesen bedeutet, daß auch alle damaligen Mitarbeiter in irgendeiner Weise beteiligt, betroffen waren. In diesem Schatten stehen insbesondere alle, die heute in der Psychiatrie arbeiten. Wir alle sind betroffen. Diese Erkenntnis darf uns aber nicht lähmen. Ich bitte sie, den historischen Hintergrund Ihrer Arbeit als Motivation anzusehen: Setzen Sie sich zusammen mit allen anderen Beteiligten und Interessierten dafür ein, daß die Kranken und Behinderten ihren gleichberechtigten Platz in der Gesellschaft, d. h. in unserer Mitte, einnehmen können.

Literatur

AMLER, GERHARD (1975) Chronik des Psychiatrischen Krankenhauses Eichberg, Eltville, masch.

DAUM, MONIKA/DEBUS, DIETER (1986) Brief an das Psychiatrische Krankenhaus Heppenheim vom 29. 6. 1986 nach Einsichtnahme in das dortige Archiv

DICKEL, HORST (1988) Die sind doch alle unheilbar – Vernichtung sog. „lebensunwerten Lebens". Zwangssterilisation und Tötung von „Minderwertigen" im Rheingau 1939–1945. Wiesbaden

DÖRNER, KLAUS (1985) (Hg.) Gestern minderwertig – Heute gleichwertig? Gütersloh

GÖBEL, PETER/THORMANN, HELMUT E. (1985) Verlegt – vernichtet – vergessen . . .? Schwalmstadt-Treysa

32 NOWAK (1989)

HAEDKE, KURT (1986) Brief in seiner Funktion als ärztlicher Direktor des Psychiatrischen Krankenhauses Herborn vom 8. 12. 1986 an den Träger des Krankenhauses, den Landeswohlfahrtsverband Hessen

KAMINER, ISIDOR (1983) Das Philippshospital während des Nationalsozialismus. Frankfurt/Main. masch.

KLEE, ERNST (1986) Vortrag am 14. 5. 1986 in Marburg, zitiert nach: Massenmord im weißen Kittel: Auch Marburg war betroffen. Oberhessische Presse. Marburg. 16. 5. 1986

KLÜPPEL, MANFRED (1984) „Euthanasie" und Lebensvernichtung am Beispiel der Landesheilanstalten Haina und Merxhausen. Kassel

PLAUM, FRANZ (1982) Psychiatrie in der Zeit des Dritten Reichs und ihre Folgen, in: Sozialpsychiatrische Informationen Nr. 71/72 (Dez. 1982)

NOWAK, KLARA (1989) Vorsitzende des „Bundes der ‚Euthanasie'-Geschädigten..." in persönlichen Gesprächen mit LWV-Mitarbeitern

NOWAK, KURT (1984) „Euthanasie" und Sterilisierung im „Dritten Reich". Göttingen. 3. Auflage

SICK, DOROTHEA (1983) „Euthanasie" im Nationalsozialismus am Beispiel des Kalmenhofs in Idstein/Ts. Frankfurt/Main

STÖFFLER, FRITZ (1953) Gedenkrede anläßlich der Enthüllung eines Gedächtnismals für die Opfer der Euthanasie in der Landesheilanstalt Hadamar am 13. 3. 1953*

STÖFFLER, FRITZ (1957) Das Erbe. In: Die Psychiatrischen Krankenhäuser des Landeswohlfahrtsverbandes Hessen. Schriften des LWV Hessen Nr. 4. Kassel*

STÖFFLER, FRITZ (1961) Die „Euthanasie" und die Haltung der Bischöfe im hessischen Raum, in: Archiv für mittelrheinische Kirchengeschichte. Band 13 (1961)*

* Diese Texte sind – zusammen mit der Ansprache von D. Martin Niemöller zur Einweihung der Gedenkstätte für die Opfer der nationalsozialistischen Euthanasieverbrechen am 18. 6. 1964 im Psychiatrischen Krankenhaus Hadamar – in der Dokumentation des Landeswohlfahrtsverbandes Hessen „Mensch – achte den Menschen", Kassel 1989, 3. Auflage, nachgedruckt

JOACHIM-ERNST MEYER

Von der Zwangssterilisation zur „Euthanasie“

1920 forderten zwei „renommierte Wissenschaftler“, der Jurist KARL BINDING und der Freiburger Psychiater ALFRED HOCHE, „die Freigabe der Vernichtung lebensunwerten Lebens“.[1]

Von seiten der deutschen Psychiatrie gab es kaum eine Resonanz, auch dann nicht, als sich das NS-Regime bei der Tötung psychisch Kranker direkt darauf berief. Die andere, das Schicksal psychisch Kranker betreffende Maßnahme während des Nationalsozialismus – die sogenannte eugenische oder Zwangssterilisation bei Patienten mit psychiatrischen und neurologischen Leiden –, entsprach den Forderungen der Rassenhygieniker.

Mit der Zwangssterilisation und der Tötung psychisch Kranker sind die beiden Themenkreise benannt, die uns im folgenden beschäftigen werden.

Vorher ist noch die Frage anzusprechen, warum das Thema „Psychiatrie im Nationalsozialismus“ uns heute noch unmittelbar angeht. Eine offene Auseinandersetzung mit der Tötung und der Zwangssterilisation von psychiatrischen Patienten hat – von den drei Nachkriegsjahren abgesehen – in den ersten zwei Jahrzehnten nach dem Ende des Krieges kaum stattgefunden. Eigentlich besitzen wir erst seit den siebziger Jahren einen genaueren Einblick in das damals Geschehene. Wie schwer wir uns in der Bundesrepublik Deutschland mit der Aufarbeitung der Geschichte des Nationalsozialismus tun, geht deutlich aus dem sog. Historikerstreit von 1986 hervor; er ist ein anschaulicher Beleg für die fortbestehende Aktualität dieses Themas.

Sterilisation psychisch Kranker

Das „Gesetz zur Verhütung erbkranken Nachwuchses“ wurde schon im Juli 1933 erlassen. Im Januar 1934 wandte sich ARTHUR GÜTT, einer der Kommentatoren des Gesetzes und Ministerialdirektor im Reichsinnenministerium, mit folgenden Worten an Mediziner, Psychiater und Juristen: „Der hohe Stand der Chirurgie ermöglicht es uns, das Kampfmittel der Sterilisierung

1 BINDING/HOCHE (1920)

gegen die Erbkrankheiten, das Kampfmittel der Kastration gegen die gefährlichen Sittlichkeitsverbrecher anzuwenden."[2] Dazu habe der Arzt verantwortungsvolle Auslesearbeit zu leisten. Dies war die Hauptaufgabe der damals in großer Zahl neu eingerichteten staatlichen Gesundheitsämter mit ihren Beratungsstellen für Erb- und Rassenpflege.[3] Als Erbkrankheiten wurden genannt: Angeborener Schwachsinn, Schizophrenie, zirkuläres Irresein, erbliche Fallsucht, Chorea Huntington, erbliche Blindheit, erbliche Taubheit, schwere körperliche Mißbildung.

Für jeden approbierten Arzt bestand damals Meldepflicht, wenn ihm in seiner Berufstätigkeit eine Person bekannt wurde, die an einer dieser sogenannten Erbkrankheiten, an schwerem Alkoholismus oder an schwerer körperlicher Mißbildung litt. Den Sterilisationen lag also – im Gegensatz zu den Tötungsaktionen – ein Gesetz zugrunde. Dementsprechend gab es Erbgesundheitsgerichte und -obergerichte, die angerufen werden konnten. Über die Tätigkeit dieser Gerichte, die sich aus einem Juristen und zwei Ärzten als sogenannten sachverständigen Richtern zusammensetzten, sind wir von juristischer Seite auch heute noch unvollkommen informiert. Um einen Eindruck von ihrer Arbeitsweise zu vermitteln, sei erwähnt, daß die Gerichte in 80 bis 90 Prozent der Fälle den Sterilisationsanträgen zustimmten.

Das Gesetz entsprach im übrigen einem Entwurf des preußischen Landesgesundheitsrates von 1932 mit der einzigen, aber entscheidenden Ausnahme, daß es sich bei dem preußischen Gesetzentwurf um freiwillige Sterilisationen handeln sollte. Hier ist noch hervorzuheben, daß trotz eines großen Propagandaaufwandes über die Bedeutung der Erbkrankheiten der Widerstand gegen den Eingriff von seiten der Betroffenen und ihrer Angehörigen sehr groß war. Um Einsprüchen zu begegnen, ordnete man häufig Zwangspflegschaften an oder man verlegte den Ort des zuständigen Gerichts vom Wohnort des Kranken zum Ort der Anstalt, um Angehörige möglichst fern zu halten. Zwischen 1934 und 1936 waren es 7 bis 9 % der Kranken, die von der Polizei bis in die Operationsklinik gebracht wurden.

Die genannten psychiatrischen Diagnosen verteilten sich unter den Sterilisierten außerordentlich einseitig. So war 1934 bis 53 % und 1935 sogar bei 60 % der Sterilisierten „Schwachsinn" die zur Unfruchtbarmachung führende Diagnose. Daß es sich hier nicht um Diagnosen im klinischen Sinne handelte, sondern – wie Gisela Bock es nennt – um ein sozialdiagnostisches Vokabular[4], läßt sich deutlich aus den gleichlautenden Erlassen des Reichsinnen- und Reichsjustizministeriums von 1936 erkennen: „Die von den Erbgesundheitsge-

2 Gütt/Rüdin/Ruttke (1934) 218
3 Schmuhl (1987)
4 Bock (1986) 325

Reichsgesetzblatt

Teil I

1933	Ausgegeben zu Berlin, den 25. Juli 1933	Nr. 86

I 529 | 75 | I 119 | änzt | 33 I 529 | 1006 | 33 I 529 | 1207 | R 33,529 | aufgeh | 36 I 1149 | ergänzt | 39 I 1560 | Drchfv. | 74,1299 | Art 8

Gesetz zur Verhütung erbkranken Nachwuchses. Vom 14. Juli 1933.

Die Reichsregierung hat das folgende Gesetz beschlossen, das hiermit verkündet wird:

§ 1

(1) Wer erbkrank ist, kann durch chirurgischen Eingriff unfruchtbar gemacht (sterilisiert) werden, wenn nach den Erfahrungen der ärztlichen Wissenschaft mit großer Wahrscheinlichkeit zu erwarten ist, daß seine Nachkommen an schweren körperlichen oder geistigen Erbschäden leiden werden.

(2) Erbkrank im Sinne dieses Gesetzes ist, wer an einer der folgenden Krankheiten leidet:

1. angeborenem Schwachsinn,
2. Schizophrenie,
3. zirkulärem (manisch-depressivem) Irresein,
4. erblicher Fallsucht,
5. erblichem Veitstanz (Huntingtonsche Chorea),
6. erblicher Blindheit,
7. erblicher Taubheit,
8. schwerer erblicher körperlicher Mißbildung.

(3) Ferner kann unfruchtbar gemacht werden, wer an schwerem Alkoholismus leidet.

§ 2

(1) Antragsberechtigt ist derjenige, der unfruchtbar gemacht werden soll. Ist dieser geschäftsunfähig oder wegen Geistesschwäche entmündigt oder hat er das achtzehnte Lebensjahr noch nicht vollendet, so ist der gesetzliche Vertreter antragsberechtigt; er bedarf dazu der Genehmigung des Vormundschaftsgerichts. In den übrigen Fällen beschränkter Geschäftsfähigkeit bedarf der Antrag der Zustimmung des gesetzlichen Vertreters. Hat ein Volljähriger einen Pfleger für seine Person erhalten, so ist dessen Zustimmung erforderlich.

(2) Dem Antrag ist eine Bescheinigung eines für das Deutsche Reich approbierten Arztes beizufügen, daß der Unfruchtbarzumachende über das Wesen und die Folgen der Unfruchtbarmachung aufgeklärt worden ist.

(3) Der Antrag kann zurückgenommen werden.

§ 3

Die Unfruchtbarmachung können auch beantragen

1. der beamtete Arzt,
2. für die Insassen einer Kranken-, Heil- oder Pflegeanstalt oder einer Strafanstalt der Anstaltsleiter.

§ 4

Der Antrag ist schriftlich oder zur Niederschrift der Geschäftsstelle des Erbgesundheitsgerichts zu stellen. Die dem Antrag zu Grunde liegenden Tatsachen sind durch ein ärztliches Gutachten oder auf andere Weise glaubhaft zu machen. Die Geschäftsstelle hat dem beamteten Arzt von dem Antrag Kenntnis zu geben.

§ 5

Zuständig für die Entscheidung ist das Erbgesundheitsgericht, in dessen Bezirk der Unfruchtbarzumachende seinen allgemeinen Gerichtsstand hat.

§ 6

(1) Das Erbgesundheitsgericht ist einem Amtsgericht anzugliedern. Es besteht aus einem Amtsrichter als Vorsitzenden, einem beamteten Arzt und einem weiteren für das Deutsche Reich approbierten Arzt, der mit der Erbgesundheitslehre besonders vertraut ist. Für jedes Mitglied ist ein Vertreter zu bestellen.

(2) Als Vorsitzender ist ausgeschlossen, wer über einen Antrag auf vormundschaftsgerichtliche Genehmigung nach § 2 Abs. 1 entschieden hat. Hat ein beamteter Arzt den Antrag gestellt, so kann er bei der Entscheidung nicht mitwirken.

Abb. Nr. 1

richten und -obergerichten ausgebildete Rechtssprechung, daß, wenn die Unfruchtbarmachung wegen angeborenen Schwachsinns beantragt worden ist, nicht allein die Leistungen des unfruchtbar zu Machenden auf intellektuellem Gebiet entscheidend sind, daß vielmehr auch der Bewährung im Leben eine ausschlaggebende Bedeutung zukommt, ist zu billigen."[5] Dem entspricht, daß nur bei körperlicher Mißbildung und beim Alkoholismus der Schweregrad der Störung berücksichtigt wurde. Ansonsten war man darauf aus, die weniger Kranken, noch Fortpflanzungsfähigen zu sterilisieren; z. B. sogenannte Asoziale und „Minderwertige" – ein Terminus, der damals sehr häufig angewandt wurde.

Welche Bedeutung dem Gesetz zugemessen wurde, zeigt ein Zitat aus dem Vorwort des Gesetzeskommentars von GÜTT, RÜDIN und RUTTKE aus dem Jahre 1934: „Das Gesetz ist als eine Bresche in das Geröll und die Kleinmütigkeit einer überholten Weltanschauung und einer übertriebenen selbstmörderischen Nächstenliebe der vergangenen Jahrhunderte aufzufassen. Es ist aber noch etwas anderes, was als Grundgehalt des Gesetzes Bedeutung erlangt, das ist das Primat und die Autorität des Staates, die er sich auf dem Gebiet des Lebens, der Ehe und der Familie endgültig gesichert hat."[6]

In der vorausgegangenen Diskussion vor allem von seiten der Rassenhygieniker wurde immer wieder auf die Gesetzgebung in den USA als „leuchtendes Vorbild" verwiesen. Tatsächlich gab es in 14 amerikanischen Bundesstaaten schon seit Anfang des Jahrhunderts Gesetze zur Sterilisation erblich belasteter stationärer Patienten, die aber nicht in vollem Umfange durchgeführt wurden. In den Jahren zwischen 1913 und 1945 wurden in den USA 29 000 Patienten sterilisiert. Im damaligen Deutschen Reich wurden zwischen 1933 und 1939 (Kriegsbeginn) 290 000 bis 300 000 Menschen sterilisiert; bis 1945 waren es 360 000.

Dabei ist darauf hinzuweisen, daß während des Krieges durch Einschränkung der Gerichts- und Verwaltungsverfahren nur die – wie es hieß – „dringendsten" Fälle sterilisiert wurden.

In vielen Fällen wurde die Entlassung eines psychisch Kranken aus stationärer Behandlung abhängig gemacht von der Durchführung der Sterilisation. Im Jahre 1938 entließ man 144 von 183 sterilisierten Patienten aus den vier hessischen Anstalten Eichberg, Hadamar, Herborn und Weilmünster. Umgekehrt entging man der Sterilisation, wenn man freiwillig in einer Anstalt blieb und den Aufenthalt dort selbst bezahlte, was natürlich für Angehörige der unteren Sozialschicht unmöglich war.

5 BOCK (1986) 340
6 GÜTT/RÜDIN/RUTTKE (1934) 5

ADOLF HITLER

BERLIN, den 1.Sept.1939.

Reichsleiter B o u h l e r und

Dr. med. B r a n d t

sind unter Verantwortung beauftragt, die Befugnisse namentlich zu bestimmender Ärzte so zu erweitern, dass nach menschlichem Ermessen unheilbar Kranken bei kritischster Beurteilung ihres Krankheitszustandes der Gnadentod gewährt werden kann.

Von Bouhler mir übergeben am 27.8.40 Dr. Gürtner

Abb. Nr. 2

Tötung psychisch Kranker „Kinderaktion“

Auslöser für die sogenannte „Kinderaktion“ war die Tötung eines mißgebildeten Kindes im Jahre 1939 in der Leipziger Universitätskinderklinik unter der Leitung des Arztes Werner Catel.[7] Die Angehörigen hatten Hitler persönlich gebeten, die Tötung ihres Kindes zu veranlassen.

Hitler schickte daraufhin seinen Begleitarzt Brandt zur Begutachtung des Falles nach Leipzig. Bald danach wurde dem Wunsche der Angehörigen stattgegeben. Dies soll Hitler veranlaßt haben, die sogenannte „Kinderaktion“ in Gang zu setzen. Zur organisatorischen Durchführung der „Kinderaktion“ entstand 1939 der sogenannte „Reichsausschuß zur wissenschaftlichen Erfassung von erb- und anlagebedingten schweren Leiden“. Im gleichen Jahr verfügte ein ministerieller Geheimerlaß für Ärzte und Hebammen die Meldepflicht für mißgebildete Kinder. Drei Gutachter entschieden ohne persönliche Untersuchung über Leben und Tod des Kindes. Die Tötung erfolgte durch Injektion der Medikamente Morphium oder Luminal und Nahrungsentzug in 21 dafür im Reich eingerichteten sogenannten „Kinderfachabteilungen“. Sich sträubenden Eltern drohte man mit Entzug des Sorgerechts und mit Dienstverpflichtung der Mütter.

Im Gegensatz zur sogenannten „T 4-Aktion“, der Tötung erwachsener Kranker, wurde die „Kinderaktion“ nach 1941 fortgesetzt, ja altersmäßig auf Jugendliche bis zu 17 Jahren erweitert. Man nimmt eine Zahl von 5000 Kindern an, die unter diesen Bedingungen getötet wurden.

„Aktion T 4“

Die „T 4-Aktion“ ist benannt nach der Zentrale in der Tiergartenstraße 4 in Berlin, welche die Tötung erwachsener Patienten veranlaßte. Hierfür gab es weder ein Gesetz noch eine ministerielle Anordnung. Sie basierte auf dem im Oktober 1939 von Hitler unterzeichneten und auf den Tag des Kriegsbeginns zurückdatierten sogenannten „Gnadentoderlaß“. Er lautet: „Reichsleiter Bouhler und Dr. Brandt sind unter Verantwortung beauftragt, die Befugnisse namentlich zu bestimmender Ärzte so zu erweitern, daß nach menschlichem

7 Catel trat auch nach 1945 – inzwischen wieder Kliniksdirektor in Kiel – öffentlich für die Tötung sogenannter Monstren ein. In einer Gerichtsverhandlung äußerte sich Catel dazu folgendermaßen: „Vollidiotische Wesen sind auch religiös betrachtet keine Menschen, da sie eben über keine Personalität verfügen. Die Auslöschung dieser Wesen bedeutet also weder Mord noch Tötung.“ Zitiert nach: v. Schlabrendorff (1979) 356 ff.

Meldebogen 1 — Ist mit Schreibmaschine auszufüllen!

Lfde. Nr. ....

Name der Anstalt: Landesheilanstalt Haina (Kloster)
in: Bezirk Kassel.

Vor- und Zuname des Patienten: H[redacted] B[redacted] geborene: ./.
Geburtsdatum: [redacted] 1912 Ort: W[redacted] Kreis: V[redacted]
Letzter Wohnort: " Kreis: "
ledig, verh., verw. od. gesch.: ledig Konf.: .... Rasse[1]) dbl. Staatsang.: D.R.
Anschrift d. nächsten Angeh.: Frau P[redacted] B[redacted], B[redacted]
B[redacted]str. 19.
Regelmäßig Besuch und von wem (Anschrift): nein

Vormund oder Pfleger (Name, Anschrift): ./.

Kostenträger: Steht noch nicht fest wann in dortiger Anst.: 24.Mai 1941
In anderen Anstalten gewesen, wo und wie lange: Standortarrestanst.K[redacted]
Seit wann krank: Von Geburt bestehende Charakteranlage Woher und wann eingeliefert: 24.Mai 1941 aus K[redacted] Reservelazarett III Marburg.
Zwilling ja/nein nein Geisteskranke Blutsverwandte: Vater an progressiver Paralyse + Bruder des Vaters geisteskrank
Diagnose: Abnormer Charakter (keimgeschädigt)
Hauptsymptome: Mangel an Antrieb, Entschlussunfähigkeit, Haltlosigkeit. Gleichgiltigkeit den Gesetzen und sonstigen Pflichten gegenüber.
Vorwiegend bettlägerig? ja/nein nein sehr unruhig? ja/nein nein in festem Haus? ja/nein nein
Körperl. unheilb. Leiden: ja/nein nein Kriegsbeschäd.: ja/nein nein
Bei Schizophrenie: Frischfall .... Endzustand .... gut remittierend ....
Bei Schwachsinn: debil .... imbezill .... Idiot ....
Bei Epilepsie: psych. verändert .... durchschnittliche Häufigkeit der Anfälle ....
Bei senilen Erkrankungen: stärker verwirrt .... unsauber ....
Therapie (Insulin, Cardiazol, Malaria, Salvarsan usw.): ./. Dauererfolg: ja/nein
Eingewiesen auf Grund § 51, § 42b StrGB. usw. ja durch: Staatsanwaltschaft K[redacted]
Delikt: War wegen Zersetzung der Wehrkraft angeklagt. Frühere Straftaten: Unerlaubte Entfernung. Wurde nach § 51 freigesprochen.
Art der Beschäftigung: (Genaueste Bezeichnung der Arbeit und der Arbeitsleistung, z. B. Feldarbeit, leistet nicht viel. — Schlosserei, guter Facharbeiter. — Keine unbestimmten Angaben, wie Hausarbeit, sondern eindeutige: Zimmerreinigung usw. Auch immer angeben, ob dauernd, häufig oder nur zeitweise beschäftigt.)
Erdarbeiten. (Wasserleitungsbau.) Gleichmässige, zufriedenstellende Leistung.

Ist mit Entlassung demnächst zu rechnen: Nein
Bemerkungen: ....

Dieser Raum ist frei zu lassen.

Haina, Ort, Datum 5.Juli 1941.

(Unterschrift des ärztlichen Leiters oder seines Vertreters)
Direktor und Landesobermedizinalrat.

[1]) Deutschen oder artverwandten Blutes (deutschblütig), Jude, jüdischer Mischling I. oder II. Grades, Neger (Mischling), Zigeuner (Mischling) usw.

5052 40 2C

Abb. Nr. 3

Ermessen unheilbar Kranken bei kritischster Beurteilung ihres Krankheitszustandes der Gnadentod gewährt werden kann".

Wie bereits bei der „Kinderaktion" war die Benennung der beteiligten Organisationen bewußt auf Täuschung angelegt: Man schuf eine „Reichsarbeitsgemeinschaft für Heil- und Pflegeanstalten"; die Patienten wurden in die Tötungsanstalten mit Hilfe der „gemeinnützigen Krankentransport GmbH" (GeKrat) verlegt. Es gab vier Gutachter und wiederum keine persönliche Untersuchung. Die psychiatrischen Institutionen hatten Meldebögen auszufüllen, und zwar für alle kriminellen Geisteskranken, für alle Patienten nichtdeutschen oder artverwandten Blutes, für alle über fünf Jahre hospitalisierten Kranken und für die folgenden Krankheiten, soweit die Patienten in den Anstaltsbetrieben nicht oder nur mit mechanischer Arbeit zu beschäftigen waren: Schizophrenie, Epilepsie, senile Erkrankungen, therapie-refraktäre progressive Paralyse, Lues-Erkrankungen, Schwachsinn jeder Ursache, Encephalitis, Chorea Huntington und andere neurologische Endzustände. Diese, die Tötung begründenden Krankheitsbilder, sind in etwa die gleichen wie bei der Zwangssterilisierung, bedeutsam ist die Einbeziehung der „senilen Erkrankungen". Von einem der Gutachter ist bekannt, daß er zwischen dem 14. November und Anfang Dezember 1939 über 2100 solcher Meldebögen bearbeitete.

Zu dem bereits genannten Meldebogen kam ein weiterer Meldebogen II mit möglichst präzisen Angaben über die Anstalt hinzu – dies, um den Eindruck zu erwecken, es handele sich um eine rein statistische Erhebung.

In den Vernichtungsanstalten mit ihren als Duschräume getarnten Vergasungseinrichtungen gab es Scheinstandesämter, die mit der Ausfüllung der Totenscheine und dem Versand von – nach bestimmten Mustern konzipierten – Trostbriefen an die Angehörigen beschäftigt waren. Darin hieß es u. a., die Leiche sei aufgrund seuchenpolizeilicher Anordnung bereits eingeäschert. Für das Personal bestand Schweigepflicht unter Androhung der Todesstrafe; die Ärzte mußten für die Dauer der Aktion Decknamen annehmen.

Bis zur offiziellen Beendigung der „T 4-Aktion" 1941, also innerhalb von 1½ bis 2 Jahren, wurden schätzungsweise 70000 bis 80000 kranke Menschen getötet.[8]

Was veranlaßte die Nationalsozialisten, die „T 4-Aktion" am 24. 8. 1941 offiziell zu stoppen? Einmal war es die zunehmende Beunruhigung unter der Bevölkerung in der Umgebung der Tötungsanstalten, zum anderen war es der Widerstand von kirchlicher Seite, wobei ich nur Pastor Braune und den Bischof von Münster, Clemens August Graf von Galen, nenne.[9] Seine Predigt im

8 Klee (1983) 340
9 Novak (1984) 162

August 1941 in der Lamberti-Kirche in Münster wirkte – wie der zuständige Ortsgruppenleiter meldete – „moralisch verheerend".[10] Hier ist auch daran zu erinnern, daß vier Lübecker Pfarrer, die die Predigt Galens einem größeren Kreis von Gläubigen bekannt machten, verurteilt und hingerichtet wurden. Auch wenn die Beendigung der „T 4-Aktion" nur formell erfolgte und die Tötung der Kranken ohne Unterbrechung weiterging, blieb es in der Geschichte des NS-Regimes die einzige Maßnahme, die man aufgrund des Widerstandes zurücknahm.

Fragt man nach den Entstehungsbedingungen dieser mörderischen Maßnahmen, so ist zunächst auf den Sozialdarwinismus zu verweisen, der seit Ende des 19. Jahrhunderts gerade in Deutschland in Gestalt des Monistenbundes in der Öffentlichkeit großen Einfluß hatte.

Die Entwicklung des Sozialdarwinismus war dadurch gekennzeichnet, daß von Darwins Thesen zur Evolution und Selektion nunmehr die Selektion zum zentralen Modell sozialen und politischen Denkens wurde. Dabei ging es vor allem um die folgenden drei ideologischen Tendenzen:

1. das rassisch-biologistische Ungleichheitsdogma,
2. ein moralischer Nihilismus angesichts des Naturgesetzes vom „Kampf ums Dasein" und
3. das „Ausmerzen von rassisch Minderwertigen" verbunden mit der „Auslese der rassisch Hochwertigen".[11]

Dieses nationalsozialistische Denkmodell war eng verbunden mit der geradezu panischen Angst vor der Degeneration oder Entartung des Volkes. Dabei ist es wichtig, sich klarzumachen, daß die eugenische Sterilisation und die Vernichtung sogenannten lebensunwerten Lebens aus der Sicht der Machthaber zwei einander ergänzende Aktionen zur Rettung des Volkes darstellten: Die Tötung galt den Schwerstkranken, den geistig Toten im Sinne von KARL BINDING und ALFRED HOCHE, während die Sterilisation gerade den Fortpflanzungsfähigen, leichter Kranken und sogenannten „Minderwertigen" galt. Die Rassenhygieniker sahen im aufkommenden Nationalsozialismus eine einmalige Chance der „Aufartung" des Volkes.

Kann man historisch einen Zusammenhang zwischen Sozialdarwinismus und Nationalsozialismus im Blick auf das Schicksal der psychisch Kranken belegen? Ich möchte dazu etwas ausführlicher auf die Schrift von KARL BINDING und ALFRED HOCHE aus dem Jahre 1920 eingehen: Der Jurist BINDING stellt darin die Frage: „Gibt es Menschenleben, die so stark die Eigenschaft des Rechtsgutes eingebüßt haben, daß ihre Fortdauer für die Lebensträger wie für

10 NOVAK (1984) 163
11 ZMARZLIK (1963)

die Gesellschaft dauernd allen Wert verloren hat?"[12] KARL BINDING bejaht die Frage vor allem für die „unheilbar Blödsinnigen". Sie haben – so fährt er fort – „weder den Willen zu leben, noch zu sterben. So gibt es ihrerseits keine beachtliche Einwilligung in die Tötung, andererseits stößt diese auf keinen Lebenswillen, der gebrochen werden müßte ... Wieder finde ich weder vom rechtlichen, noch vom sozialen, vom sittlichen, noch vom religiösen Standpunkt aus schlechterdings keinen Grund, die Tötung dieser Menschen, die das furchtbare Gegenbild echter Menschen bilden und fast in jedem Entsetzen erwecken, der ihnen begegnet, freizugeben ... In Zeiten höherer Sittlichkeit – der unseren ist aller Heroismus verlorengegangen – würde man diese armen Menschen wohl amtlich von sich selbst erlösen."[13]

Hier werden also Zwangssterilisation und die Tötung „lebensunwerten Lebens" als dem gleichen Ziel dienende und unumgängliche notwendige Maßnahmen angekündigt. Das Gesetz zur Verhütung erbkranken Nachwuchses war zu diesem Zeitpunkt schon in Kraft. Über die sogenannte „Euthanasie" sprach Hitler 1935 mit Reichsärzteführer Karl Brandt und wies darauf hin, daß er die Euthanasie-Frage aufgreifen und durchführen werde, wenn es zum Krieg käme. Die Machthaber erwarteten, daß das Volk das Gesetz über die eugenische Sterilisation als sinnvolle Maßnahme akzeptiere. Bei der Vernichtung „lebensunwerten Lebens" schien Hitler die Geheimhaltung unerläßlich, und er weigerte sich hartnäckig, dieser Aktion die Form eines Gesetzes oder mindestens die eines ministeriellen Erlasses zu geben. Er fürchtete nicht den Widerstand von Psychiatern oder Juristen, sondern den Widerstand der Kirchen.

In diesem Zusammenhang stellt sich auch die Frage: Wie verhielten sich die deutschen Psychiater zu KARL BINDING und ALFRED HOCHES Schrift von 1933 und zu den Tötungsaktionen ab 1939? Wie ich schon eingangs bemerkte, blieb die deutsche Psychiatrie, speziell die Universitätspsychiatrie, gegenüber KARL BINDING und ALFRED HOCHE fast stumm.

Es gab wenige bejahende Stellungnahmen wie die von Robert Gaupp in Tübingen, und es gab wenige kritische Stimmen wie die von Oswald Bumke oder Johannes Lange in München. Letztere erörterten das Problem, jedoch ohne die Namen KARL BINDING und ALFRED HOCHE überhaupt zu erwähnen. So schreibt etwa OSWALD BUMKE 1932: „Man braucht doch den Gedanken, daß man aus finanziellen Gründen alle im Augenblick entbehrlichen Menschen beseitigen sollte, nur zu Ende zu denken, um zu einem ziemlich ungeheuerlichen Ergebnis zu kommen."[14] Die Autoren blieben jedoch ungenannt. Unter

12 BINDING/HOCHE (1920) 27
13 BINDING/HOCHE (1920) 30/31
14 BUMKE (1932) 373

den Anstaltsdirektoren, denen in erster Linie die überwiegend chronisch schizophrenen Kranken anvertraut waren, gab es nur die eindeutig ablehnende Stellungnahme von EWALD MELTZER[15], Direktor einer Anstalt für geistig Behinderte.

Wie verhielt sich nun die deutsche Psychiatrie, als kurz nach Kriegsbeginn die „T 4-Aktion" anlief und zweifellos auch rasch bekannt wurde? Von einem geschlossenen, politisch organisierten Widerstand kann nicht die Rede sein. Wohl aber wissen wir von vielen Psychiatern, daß sie ihre Ablehnung der NS-Aktionen in unterschiedlicher Weise zum Ausdruck brachten, etwa indem sie einzelne Kranke durch Verlegung oder durch Fälschung der Diagnose zu schützen suchten. Sie brachten ihre ablehnende Einstellung aber auch dadurch zum Ausdruck, daß sie an dem Tag nicht zum Dienst kamen, an dem aus ihrem Krankenhaus Patienten „verlegt" wurden.

Auch ALFRED HOCHE konzentriert seine Argumente auf die „Zustände endgültigen unheilbaren Blödsinns oder wie wir in freundlicher Formulierung sagen wollen: Zustände geistigen Todes".[16] Die geistig Toten standen nach HOCHE auf einem intellektuellen Niveau, das er tief unten in der Tierreihe ansiedelte. Diesen „leeren Menschenhülsen" oder „Balastexistenzen" mit Mitleid zu begegnen, beruhe auf einem unausrottbaren Denkfehler: „Mitleid ist den geistig Toten gegenüber im Leben und im Sterbensfall die an letzter Stelle angebrachte Gefühlsregung."[17]

Was wurde aus diesen Thesen von KARL BINDING und ALFRED HOCHE, als der Nationalsozialismus an die Macht kam? Schon 1930 heißt es in den Nationalsozialistischen Monatsheften:

„Im Strafrecht vertreten wir die schärfsten Formen der Reinerhaltung unseres sittlichen Lebens und der Rasse: Tod dem lebensunwerten Leben!"[18] 1933 erschien die Denkschrift „Nationalsozialistisches Strafrecht" des damaligen preußischen Justizministers HANNS KERRL: „Sollte der Staat etwa bei unheilbar Geisteskranken ihre Ausschaltung aus dem Leben durch amtliche Organe gesetzlich anordnen, so liegt in der Ausführung dieser Maßnahmen nur die Durchführung einer staatlichen Anordnung."[19] Und dann 1934 aus der Rede Hitlers zum Tag der Machtergreifung: „Solange der Staat dazu verdammt ist, von seinen Bürgern jährlich steigende Riesenbeträge aufzubringen zur Erhaltung dieser bedauerlichen Erbkranken der Nation, dann ist er gezwungen, jene Abhilfe zu schaffen, die sowohl verhütet, daß sich in der Zukunft so unverdientes Leid weiter vererbt, als auch verhindert, daß damit Millionen

15 MELTZER (1925)
16 BINDING/HOCHE (1920) 51
17 BINDING/HOCHE (1920) 59
18 FRANK (1930) 298
19 KERRL (1933). Zitiert nach Gruchmann (1972) 235

Gesunden noch das zum Leben nötigste entzogen werden muß, um Millionen Ungesunder am Leben zu erhalten."[20]

Wir wissen auch von einem Anstaltsdirektor und einem Dezernenten für das Anstaltswesen in Wien, die aus diesem Grunde ihr Amt niederlegten. Letztlich haben aber nur zwei Kollegen unter großem persönlichen Einsatz gegen die „T 4-Aktion" Stellung genommen bzw. durch entsprechende Anordnungen das Leben vieler Patienten gerettet:

Ich meine einmal GOTTFRIED EWALD, den Direktor der Göttinger Klinik und Anstalt. Er nahm im August 1940 in Berlin an einer von Werner Heyde geleiteten Sitzung zur Durchführung der „T 4-Aktion" teil, verließ sie unter offenem Protest und schickte unmittelbar danach einen Brief an viele damals einflußreiche Persönlichkeiten, in dem er das Unheil offen aussprach, das auf die psychisch Kranken zukam. Darin heißt es u. a.: „Angst und Mißtrauen werden in der Bevölkerung platzgreifen . . . Man wird Lebensbedrohung wittern, auch wo kein Mensch an so etwas denkt. Schon das weit harmlosere Sterilisationsverfahren hat trotz aller Aufklärung und trotz einleuchtendster Notwendigkeit zu Unruhe und unsinnigen Vorstellungen geführt. Wer in die Nervenklinik kommt, wird sterilisiert. Nun wird es heißen, wer in die Heilanstalt kommt, wird getötet."[21] GOTTFRIED EWALD bemühte sich, eine Besprechung mit anderen psychiatrischen Lehrstuhlinhabern herbeizuführen – diese lehnten jedoch ab.

Der andere Kollege, der hier zu nennen ist, ist Walter Creutz, Psychiatriereferent der Rheinprovinz in jenen Jahren. Er hat in großem Umfang Verlegungen in den ihm unterstellten Anstalten angeordnet und dadurch viele Kranke vor dem Tode bewahrt.

Walter Creutz und GOTTFRIED EWALD standen unter massivem politischen Druck, wenn wir auch zur Kenntnis nehmen müssen, daß kein deutscher Psychiater wegen Widerstand gegen die Tötungsaktionen verhaftet oder von Amts wegen seiner Stelle enthoben wurde.

Warum wurden die Thesen von KARL BINDING und ALFRED HOCHE von der deutschen Psychiatrie nicht ebenso offen diskutiert wie die eugenische Sterilisation? War das Schweigen in den Jahren vor der Machtergreifung letztlich doch ein schweigendes Einverständnis?

Eine eindeutige Antwort ist nicht möglich, aber auf folgende Erklärungsmöglichkeiten sei verwiesen:

1. Der weitgehende öffentliche Konsens hinsichtlich der Grundhaltung des Sozialdarwinismus gegenüber Schwachen und Kranken.
2. Die immer wieder auflebende Kritik an den Kosten des Gesundheitswesens im Deutschland der Weimarer Republik.

20 DOMARUS (1963) 355

21 EWALD (1940) unveröffentlicht

3. Die bewußte Vermeidung einer kritischen Auseinandersetzung mit der Schrift KARL BINDINGS und ALFRED HOCHES, um ihr kein größeres Gewicht in der Öffentlichkeit zu verleihen.

Denkmöglichkeiten – nicht mehr!

Damit sind wir noch nicht am Ende des Themas „Psychiatrie im Nationalsozialismus". Zu fragen bleibt, wie sich die deutsche Psychiatrie nach 1945 mit dem Geschehenen auseinandergesetzt hat. Wieder treffen wir auf das gleiche Phänomen des „Nicht-Wahr-Haben-Wollens", wie es uns schon in der mangelnden Reaktion auf die Schrift von BINDING und HOCHE zwischen 1920 und 1933 begegnet ist. Bald nach Kriegsende gab es neben einzelnen kurzen Darstellungen die Berichte über die Ärzteprozesse in der französischen und amerikanischen Besatzungszone.[22] Die Publikationen vor allem von HELMUT EHRHARDT und GERHARDT SCHMIDT[23] wurden erst Anfang der sechziger Jahre einem breiten Leserkreis zugänglich gemacht. In den siebziger Jahren hat eine – bis heute immer noch wachsende – Zahl von Veröffentlichungen das Wissen um die Katastrophe offenkundig gemacht. So umfaßt die Zeit von der Aufstellung der Thesen durch BINDING und HOCHE über deren Durchführung bis zu der ausführlichen Auseinandersetzung mit diesem totalen Versagen der Psychiatrie als Heilkunde einen Zeitraum von mindestens einem halben Jahrhundert.

Abschließend möchte ich noch einen Gedanken vorbringen, der mir wichtig ist: Hätte diese Untat geschehen können, wenn die Psychiatrie, deren Beginn als klinische Disziplin in den westlichen Ländern in die Zeit der Aufklärung fällt, bis zum Ende des 19. Jahrhunderts fachlich wie räumlich in die medizinischen Disziplinen voll integriert gewesen wäre? Gerade im 19. Jahrhundert wurde immer wieder die Zugehörigkeit der Psychiatrie zur Medizin hervorgehoben. Das wird vor allem auch durch die Tatsache belegt, daß die Verbindung zwischen Psychiatrie und Neurologie im 19. Jahrhundert ausdrücklich auf Wunsch der Psychiater zustande kam. Dennoch bleiben bis in die Gegenwart die Parallelen im Verhalten der Gesellschaft gegenüber psychisch Kranken und gegenüber Rechtsbrechern unübersehbar. Man könnte einwenden, daß sich die sozialdarwinistischen Maximen – keine Hilfe für den Schwachen und Kranken, sondern den Gesunden und Tüchtigen – im Prinzip nicht auf die psychisch Kranken beschränken. Tatsächlich ist dies aber mit wenigen Ausnahmen der Fall gewesen – Ausnahmen, die sich außer auf neurologische Erkrankungen auf ganz wenige Erbkrankheiten anderer Art bezogen. Diese Sonderstellung der psychisch Kranken, die von der übrigen Medizin noch heute, auch örtlich getrennten Psychiatrischen Krankenhäuser,

22 MITSCHERLICH/MIELKE (1960); PLATEN-HALLERMUND (1948)
23 ERHARDT (1965); SCHMIDT (1965)

führten zu einem entsprechenden Selbstverständnis der Psychiater. Man kann wohl auch argumentieren, daß die schlechten Heilungschancen vieler psychischer Erkrankungen zu dieser Sonderposition beigetragen haben. Das läßt sich aber nicht wirklich begründen. Vielmehr sind – abgesehen von der schon vorher entwickelten Fieberbehandlung der progressiven Paralyse – gerade in den dreißiger Jahren, d. h. vor Beginn der Tötungsaktionen, die ersten wirksamen Behandlungsmethoden in Deutschland eingeführt worden. Wie weit diese großen therapeutischen Erfolge schon der Öffentlichkeit bekannt geworden waren, ist allerdings schwer zu beurteilen.

Mit meiner These von der Sonderrolle der psychisch Kranken kann man sicher ihre Mißhandlungen und Tötungen im Nationalsozialismus allein nicht erklären. Denn warum geschah solches nur in Deutschland, obwohl der Status des psychisch Kranken in den meisten Ländern nicht wesentlich anders war? Es ist jedoch nicht zweifelhaft, daß die Sonderrolle der psychisch Kranken das NS-Regime in seiner Selektionsideologie zur Errettung des Volkes vor der Entartung bestärkte und die Psychiater in die Rolle drängte, ihre Kranken vor den Augen der Öffentlichkeit zu verbergen. Das aber bewahrte die psychisch Kranken nicht vor einer fanatisierten Gesellschaft, sondern machte sie gegenüber den geheimen Tötungsaktionen gerade schutzlos.

Literatur

Binding, K./Hoche, A. (1920) Die Freigabe der Vernichtung lebensunwerten Lebens. Leipzig

Bock, G. (1986) Zwangssterilisation im Nationalsozialismus. Opladen

Bumke, O. (1932) Diskussion zum Vortrag Faltlhauser „Die Frage der Sterilisierung geistig Abnormer". In: Allgemeine Zeitschrift für Psychiatrie 96: 373

Darwin, Ch. (1859) On the origin of the species. London

Domarus, M. (1963) Hitler I. München

Ehrhardt, H. (1965) Euthanasie und Vernichtung „lebensunwerten Lebens". Stuttgart

Ewald, G. (1940) Stellungnahme zur „Voreinführung eines schon bereitliegenden und nach dem Kriege für die Veröffentlichung bestimmten Gesetzes zur Vernichtung lebensunwerten Lebens" (unveröffentlicht)

Frank, H. (1930) In: Nationalsozialistische Monatshefte 1930 (1)

Gruchmann, L. (1972) Euthanasie und Justiz im Dritten Reich. In: Vierteljahreshefte für Zeitgeschichte 20: 235

Gütt, A./Rüdin, E./Ruttke, F. (1934) Gesetz zur Verhütung erbkranken Nachwuchses. München

Klee, E. (1983) „Euthanasie“ im NS-Staat. Frankfurt

Meltzer, E. (1925) Das Problem der Abkürzung „Lebensunwerten Lebens“. Halle

Mitscherlich, A./Mielke, F. (1960) Medizin ohne Menschlichkeit. Frankfurt

Nowak, K. (1984) „Euthanasie und Sterilisierung im Dritten Reich“. 3. Aufl. Göttingen

Platen-Hallermund, A. (1948) Die Tötung Geisteskranker in Deutschland. Frankfurt

Schlabrendorff, F. v. (1979) Begegnungen in fünf Jahrzehnten. Tübingen

Schmidt, G. (1965) Selektion in der Heilanstalt 1939 bis 1945. Stuttgart

Schmuhl, H. W. (1987) Rassenhygiene, Nationalsozialismus, Euthanasie. Göttingen

Zmarzlik, H. G. (1963) Der Sozialdarwinismus in Deutschland als geschichtliches Problem. Vierteljahresh. f. Zeitgeschichte 11: 246–273

RALF SEIDEL

„Euthanasie" nach 1941 – Geplante, dezentrale Fortsetzung der Massenmorde an psychisch Kranken

Eine Reise nach Polen

1987 fuhr ich mit 26 weiteren Mitarbeitern der Psychiatrie verschiedenster beruflicher Herkunft, einigen Journalisten und einem Pfarrer nach Polen. Diese Reise war zwei Jahre zuvor während des Symposiums „Krieg, Okkupation und Medizin" in Krakau angeregt worden. 10 Tage lang besuchten wir jene Stätten, an denen die Nationalsozialisten Menschen vernichteten, die sie für „minderwertig" hielten. Wir besuchten Psychiatrische Anstalten wie Meseritz-Obrawalde, Tiegenhof in Gnesen, Wartha in der Provinz Lodz, Kobierzyn bei Krakau und das Konzentrationslager Auschwitz. Fast die Hälfte unserer Reisegruppe war zu Gast bei Familien ehemaliger Häftlinge von Auschwitz. Polnische Professoren – zum Teil selbst ehemalige Häftlinge der Konzentrationslager – haben uns in Posen über die Okkupationszeit berichtet. Sie erzählten von deutschen Professoren an der medizinischen Fakultät der Reichsuniversität Posen. Manche waren uns dem Namen nach noch gut bekannt – so etwa der Anatom Hermann Voss. An der Psychiatrischen Klinik der Universität Krakau erfuhren wir von wissenschaftlichen Arbeiten, die sich mit den verheerenden psychischen Folgen der Lagerhaft in der zweiten und dritten Generation befaßten.

1939 übernahmen die nationalsozialistischen Behörden die Psychiatrische Klinik Owincka bei Posen; ein Nazi-Arzt wurde zum kommissarischen Direktor ernannt und die Bücher der jahrhundertealten Bibliothek verbrannt. Ein Trupp von über 30 SS-Männern besetzte die Anstalt.[1] Im November 1939 wurden etwa 1100 polnische Patienten dieser Klinik in Wagen mit der Aufschrift „Kaisers Kaffeegeschäft" abgeholt und umgebracht.[2] Die 25 Lastwagen mit Patienten wurden von SS-Leuten – ausgerüstet mit Maschinenpistolen und Schaufeln – begleitet. Sie kehrten 6 Stunden später alleine zurück. Die 150 deutschstämmigen Patienten verlegte man nach Dziekanka (Tiegenhof) bei Gnesen. Die Anstalt wurde geschlossen. Ein ähnliches Schicksal erlitten die

1 JAROSZEWSKI (1982) 7
2 Bericht Staatsanwalt M. KACZMAREK in Posen vom 2. 5. 1987

Patienten von Koscian nahe Posen, von Kochoraowo nahe Danzig, von Sciele nahe Bydgoszcz, von Kochanowka nahe Lodz.[3] Die Anstalten von Chelm und Gostyna (Glasten) wurden nach der Ermordung der Patienten – vor den Augen der Bevölkerung – in eine SS-Kaserne umgewandelt.[4]

In Wartha (Provinz Lodz) war für über 900 polnische Patienten aus dem Reichsgebiet – viele von ihnen kamen aus Westfalen – Platz zu machen. In Kobierzyn bei Krakau wurden die Lebensmittel auf ein tödliches Minimum reduziert, so daß die Anzahl der Kranken von 1000 im Jahre 1939 auf 537 im Jahre 1941 zurückging.[5]

Die eigentliche Liquidation begann am Nachmittag des 23. Juli 1942. Sie dauerte bis zum nächsten Tag. SS-Offiziere waren schon einige Tage vorher in das Krankenhaus eingedrungen und meinten, diese Anlage sei viel zu schön und schade für psychisch Kranke. Das Personal wurde entlassen. Auf den Einwand des Personals, man könne die Patienten doch nicht alleine lassen, wurde angeordnet, daß auf jeder Abteilung zwei Schwestern verbleiben dürften. Auf der Station der berichtenden Krankenschwester gab es ungefähr 50 Patienten. Die Namen seien aufgerufen worden. 6 Patienten waren auf dem Dachboden versteckt. Als die SS das Fehlen dieser Patienten bemerkte, drohte man der berichtenden Schwester mit der Ermordung, falls sie ihre Patienten nicht ausfindig machte. Die Patienten wurden erschossen. Nach Angaben des Direktors der Anstalt wurde die Liquidation der Patienten ohne Rücksicht auf die Diagnose durchgeführt. Alle psychisch Kranken Polens seien liquidiert worden. Viele, das ergaben Eisenbahnrechnungen, waren nach Auschwitz verlegt, jüdische Patienten längst vernichtet worden.[6] Mindestens 13 000 Patienten – wahrscheinlich sehr viel mehr – wurden in dieser Zeit in Polen ermordet.[7]

„Aktion T 4" – Es ging weiter

Nach Abschluß der „offiziellen T 4-Aktion" am 24. August 1941 waren über 70 000 Menschen ermordet worden. Das 1939 geplante Euthanasie-Gesetz, auf das vor allem Juristen – so auch der Justizminister Franz Gürtner – drängten, wurde zwar entworfen, trat jedoch nicht in Kraft.[8] Aber es wurde immerhin ein

3 Jaroszewski (1982) 8
4 Kulikowska (1987) 45/46
5 Jaroszewski (1982) 11
6 Persönlicher Bericht der Schwester S.; 74 Jahre, Krankenschwester in Kobierzyn am 8. 5. 1987 (bei Krakau)
7 Jaroszewski (1982) 12
8 Roth (Hg.) (1984) 101 ff.

Abb. Nr. 4

Teil dieses „Gesetzes zur Sterbehilfe“ durch Veröffentlichung im Reichsgesetzblatt im Oktober 1941 legitimiert. Dort wurde offen von „planwirtschaftlichen Maßnahmen“ – dem Synonym für die Ermordung der psychiatrischen Patienten – gesprochen. Diese Veröffentlichung legalisierte auch die „Reichsarbeitsgemeinschaft Heil- und Pflegeanstalten“. Im Wortlaut heißt es: „Der Reichsbeauftragte für die Heil- und Pflegeanstalten hat planwirtschaftliche Aufgaben auf dem Gebiet der Heil- und Pflegeanstalten durchzuführen. Er untersteht dem Reichsminister des Inneren und ist ermächtigt, mit dem Leiter der Reichsarbeitsgemeinschaft Heil- und Pflegeanstalten die notwendigen Maßnahmen zu treffen.“[9]

Im Sommer 1943 wurde ein Teil der „T 4-Zentrale“ in Berlin als „Dienststelle Attersee“ in das Salzkammergut verlegt. Die Leitung hatte Paul Nitsche. Victor Brack, Dietrich Allers und Gerhard Siebert blieben in Berlin. Die für das Funktionieren der „planwirtschaftlichen Maßnahmen“ so wichtige „Zentralverrechnungsstelle“ unter H. J. Becker wurde nach Hartheim bei Linz verlagert. Am 28. Juli 1942 wurde Karl Brandt – Hitlers Begleitarzt und neben Philipp Bouhler Hauptverantwortlicher der „T 4-Aktion“ – zum „Bevollmächtigten für das Sanitäts- und Gesundheitswesen“ ernannt.[10] Karl Brandt war zuständig für die Verteilung von Ärzten, Krankenhausbetten, Medikamenten u. a., insbesondere in Katastrophenfällen, wobei die Heil- und Pflegeanstalten als „stille Reserve“ für solche Situationen angegeben wurden. In diesem Zusammenhang fragte der Reichsbeauftragte für die Heil- und Pflegeanstalten bereits im August an: „In der letzten Zeit hat es sich immer wieder gezeigt, daß zur Beschaffung von Krankenhausbetten in Katastrophenfällen in steigendem Maße auf Heil- und Pflegeanstalten zurückgegriffen werden muß. Da über die Betten, die durch die bisher betriebenen planwirtschaftlichen Vorkehrungen in den Anstalten gewonnen worden sind, anderweitig verfügt ist, bedarf es zusätzlicher Maßnahmen, um weiteren Ansprüchen gerecht werden zu können. Ich ersuche daher, mir bis zum 15. August d. J. . . . zu berichten.

1. Wieviele Geisteskranke in den Anstalten (einschließlich charitative und private) des dortigen Bezirks bei bestmöglicher Ausnützung der vorhandenen Bettenzahl noch untergebracht werden können.
2. Wieviele Geisteskranke darüber hinaus in Katastrophenfällen durch Herrichtung von Notlagern in
   a) heizbaren Gängen, Gemeinschaftsräumen usw.,
   b) in Kapellen von Anstalten noch zusätzlich aufgenommen werden können . . .

9 Aly (Hg.) (1987) 20

10 Reichsgesetzblatt 1942. Teil I. 515 f. nach Aly (Hg.) (1987) 40

3. (nur für luftgefährdete Gebiete):
   Welche Heil- und Pflegeanstalten im eingetretenen besonderen Katastrophenfall zu räumen sind, um als Hilfskrankenhaus Verwendung zu finden. Hierbei bitte ich mir tunlichst solche Anstalten zu benennen, die als nicht besonders luftgefährdet anzusehen sind. Beim Eintritt eines Katastrophenfalles würde ich für sofortige Räumung dieser Anstalten sorgen, so daß innerhalb kürzester Frist die Überstellung der obdachlos gewordenen Kranken aus den zu räumenden Krankenhäusern in die zu schaffende Ausweichanstalt erfolgen kann. Es muß den örtlichen Stellen überlassen bleiben, schon jetzt Maßnahmen zu erwägen, und die Umstellung der zu räumenden Anstalten auf den Krankenhausbetrieb sicherzustellen.

Da nach meinen vorstehenden Ausführungen die Heil- und Pflegeanstalten in Katastrophenfällen eine wesentliche Reserve für die zusätzliche Bettenbeschaffung von Krankenbetten bieten sollen, können sie zur Unterbringung von Obdachlosen in Zukunft nicht mehr in Frage kommen. Weiterhin bitte ich, davon abzusehen, schon jetzt die Räumung von Heil- und Pflegeanstalten, die in oder an der Peripherie gefährdeter Städte liegen, zu verlangen, da die Räumung dieser Anstalten meine Bewegungsfreiheit in wirklich eintretenden Katastrophenfällen stark einschränken muß."[11]

Im Sommer 1943 setzte die zentral gesteuerte und dezentral ausgeführte „Euthanasie-Aktion" wieder ein:

- Zunächst wurde das Rheinland erfaßt, das im Rahmen der ersten Phase, sicher auch durch das Wirken seines Psychiatriedezernenten Walter Creutz eher „glimpflich" davongekommen war.
  Die Verlegungen gingen meist in Anstalten des Ostens, der größte Teil nach Meseritz-Obrawalde oder Tiegenhof. Die Transporte waren gut getarnt. Erste Vermutungen über einen erneuten Beginn der „T 4-Aktion" ließen sich von Walter Creutz nicht hinreichend erhärten, obwohl er ein eigenes Kataster über die Verlegungen von über 8500 rheinischen Patienten geführt hatte und versuchte, durch Nachfragen bei übergeordneten Stellen, durch Befragen des Begleitpersonals, durch Abordnung eines Psychiaters usw. Näheres zu erfahren. Walter Creutz erhielt keine Klarheit über den Ablauf der Geschehnisse, aber er erhielt weitere Todesmeldungen.[12]
- Westfalen sowie die Großstädte Hamburg und Berlin waren ebenfalls bald von den „Verlegungen" dieser „zweiten Phase der T 4-Aktion" betroffen. Zu den „Verlegten" aus Hamburg gehörten u. a. verzweifelte und verwirrte Opfer des Bombenkrieges und Bewohner von Altenheimen.

11 Aly (Hg.) (1987) 40/41
12 Leipert et al (Hg.) (1987) 36

– Besonders betroffen waren bald auch psychisch kranke Ostarbeiter. Über die Ermordung dieser bereits polnischen und sowjetischen Zwangsarbeiter hat MATTHIAS HAMANN ausführlich und eindrucksvoll berichtet.[13]

Es zeigte sich also, daß sich der Kreis der Opfer im Zuge der „zweiten Phase der Euthanasie-Aktion" erheblich erweitert hatte. Nun gehörten auch Alte, Sieche, Obdachlose und Zwangsarbeiter zur „Manövriermasse der kriegswirtschaftlichen Planung". 1944 war – wie GOETZ ALY nachweist[14] – die Organisation „T 4" reinstitutionalisiert. Der „Reichsbeauftragte für die Heil- und Pflegeanstalten", Herbert Linden, schaffte zusammen mit seinem Dienstvorgesetzten F. Cropp, „Generalbeauftragter für Luftschutzschäden", Platz für Notfälle: Nach dem Vorbild der Konzentrationslager wurden Baracken gebaut. In diese Baracken sollten die psychisch Kranken verlagert werden, um die festen und beheizbaren Gebäude für „produktivere" Kranke freizumachen. Psychiatrie sollte nun auch in Form von „Lagern" organisiert werden.

Im Juli 1944 wurde in Kaufbeuren ein Krematorium gebaut und in Betrieb genommen. Nachgewiesen ist der Bau solcher Verbrennungsstätten für Wiesloch bei Heidelberg und Hall in Tirol. Hierzu der T 4-Arzt Theo Steinmeyer, Direktor der Anstalt Pfaffenrode, Sammelanstalt für geisteskranke Ostarbeiter, an den T 4-Arzt Friedrich Mennecke: „Ich soll übrigens den gleichen Bau errichtet bekommen wie Faltlhauser. Du weißt doch, was ich meine. Der Landeshauptmann hat die Kosten bereitwillig übernommen. Es soll nun von Berlin aus in die Wege geleitet werden. Ich bin gespannt, ob alle zu überwindenden Schwierigkeiten aus dem Wege geräumt werden können. Ich kann mir aber kaum noch anders helfen. Die Ostarbeiterzentrale macht sich da sehr bemerkbar."[15]

Sonderbehandlung „14 f 13"

Etwa 15 000 bis 20 000 Menschen wurden durch die „Sonderbehandlung 14 f 13" – benannt nach einem Aktenzeichen des Inspekteurs der Konzentrationslager beim Reichsführer SS – ermordet[16], „14 f 13" wurde bis Ende 1944 fortgeführt.[17] Ihre wesentliche ideologische Bedeutung scheint mir darin zu liegen, daß sie die Weichen stellte von der zentral geleiteten „T 4-Aktion" von 1939 bis 1941 zur Phase der „Endlösungen", der Endlösung der Judenfrage, und zumindest tendenziell, der Endlösung der Frage aller unter das NS-Regime nicht

13 HAMANN (1985) 121 ff.
14 ALY (Hg.) (1987) 50 f.
15 ALY (Hg.) (1987) 53
16 DRESSEN (1983) 66
17 DRESSEN (1983) 77

Unterwerfungsfähigen: chronisch Kranke, Behinderte und sogenannte „Gemeinschaftsfremde".

Diese Vernichtungsaktion „14 f 13" war auf die Tötungstechnologie der psychiatrischen Anstalten angewiesen, und sie war in ihren zynischen Ettikettierungen bemüht, den oberflächlichen Schein medizinischer Diagnostik zu wahren.

Am 6. Januar 1947 erschien der T 4-Arzt Friedrich Mennecke, ehemaliger Direktor der Anstalt Eichberg im Rheingau und im Frankfurter Euthanasie-Prozeß bereits zum Tode verurteilt, als Zeuge bei den Nürnberger Ärzteprozessen. Friedrich Mennecke berichtete, daß er 1940 einen Befehl erhalten habe, zukünftig vorübergehend in Konzentrationslagern zu arbeiten. Häftlinge – nicht unbedingt Geisteskranke, aber wohl Arbeitsunfähige – sollten in die psychiatrischen Vernichtungsanstalten, wie etwa Bernburg[18], überstellt werden. Unter ihnen: politische Häftlinge, Tuberkulöse, körperlich Kranke – auch Polen und Tschechen. Der Befehl hierzu sei von Werner Heyde und Victor Brack ausgegangen; auch andere T 4-Ärzte wie Paul Nitsche, Theodor Steinmeyer, Valentin Faltlhauser, Robert Müller u. a.[19] seien ihm gefolgt ... Auf die Frage des Anklagevertreters, in welchen Konzentrationslagern er tätig gewesen sei, antwortete Friedrich Mennecke: „Oranienburg, Sachsenhausen, Dachau, Buchenwald, Auschwitz, Groß-Rosen, Ravensburg, Neuengamme. Das ist alles."[20] Zu den jüdischen Häftlingen befragt, gab er an: „... es war nicht wichtig, sie zu untersuchen... Es genügte der Verhaftungsgrund. Im Durchschnitt waren sie wohlauf, körperlich und geistig... Wir haben nur den Verhaftungsgrund eingetragen, das war alles."[21] Die Vorauswahl hatten bereits die Lagerkommandanten getroffen: So u. a.

„Isidor Israel G., 25. 4. 02, Kolomza, Bauarbeiter, staatenloser, deutschfeindlicher Hetzjude; im Lager: faul und frech.

Hans R., Protektoriatsjude, deutsch-feindliches Verhalten! Rassenschande. Im Lager: faul, frech, mehrere Lagerstrafen: Pfahlbinden.

Ottilie Sara Sch., 6. 12. 79, led., Konturistin, tschech. Jüdin, marxistische Funktionärin, üble Deutschenhasserin, Beziehungen zur engl. Botschaft."[22]

Auch die Münchener Kommunistin Olga Bernario zählte zu den Mordopfern. Nach ihr wurde die Straße benannt, an der heute die Klinik Bernburg liegt.

18 Dressen (1983) 73

19 Klee (1983) 345; die Ärzte: Schumann, Schmalenbach, Hebold, Lonauer, Wischer, Ratka-Faltlhauser wird hier nicht genannt

20 Bayle (1950) 794

21 Bayle (1950) 795, Dressen (1983) 68

22 Bayle (1950) 791 ff.

Bayern und die „Hungerkost“

Am 11. Januar 1943 verabreichte man zum ersten Mal Patienten der Anstalt Haar bei München eine sogenannte Sonderkost. Der Leiter der Anstalt, T 4-Arzt Hermann Pfannmüller, hatte zuvor in der Ärztekonferenz erklärt, man solle den nicht arbeitsfähigen Patienten nur „Gemüse und Kartoffeln, am Sonntagabend eine dicke Suppe ohne Fett und alle 14 Tage am Sonntagmittag ein Fleischhaschee geben, wobei Brot zunächst überhaupt nicht vorgesehen“ war.[23]

Was es mit der „Sonderkost“ oder „E-Kost“ auf sich hatte, faßte Hermann Pfannmüller so zusammen: „Wir halten sie fett- und eiweißlos, dann gehen sie von selber ...“[24] Wieviele Patienten im Rahmen dieser zum Tode führenden „Verpflegung“ in meist unbeheizten Krankensälen qualvoll umkamen, ist nicht auszumachen. Die Grausamkeit dieser „Aktion“ wird von allen Zeugen unterstrichen. Gespräche mit dem damaligen Pfarrer der Anstalt Haar bei München haben mir das schmerzlich vor Augen geführt.

Nachzulesen ist dies weiter in dem aus tiefer Betroffenheit 1946 niedergeschriebenen „Bericht eines zeitkranken Arztes“.:

> „Ich gehe durch einen Krankensaal. Es herrscht Totenstille. Bett steht an Bett – blutleere, ausgemergelte Gesichter mit übergroßen Augen, die oft müde geschlossen sind, liegen in den Kissen willen- und teilnahmslos. Dazwischen geht ein Arzt. Was sucht er hier? Beaufsichtigt er bei der Visite, daß das Sterben programmgemäß gehe? Was berechtigt ihn, noch hier zu erscheinen? Will er die lautlose, kreaturhafte Qual ansehen, weil ihn das WIE LANGE objektiv interessiert? Welche Blasphemie wäre hier noch unmöglich! – Oder – sollte seine eigene Qual über die ihn überwuchernde Schuld eine gewollte Sühne sein? Darf er sich über ein Bett beugen und ein tröstendes Wort sagen, über eine unruhige Hand streicheln – wie kann der Tötende sein Dasein rechtfertigen? ... Zuweilen aber geschieht es, daß ein Kranker in einer maßlos ausbrechenden Mischung von Qual und Wut vor seinen „Behandler“ hintritt und mit erhobenen Fäusten furchtbare Verfluchungen auf ihn herabschwört, wo er ihn verflucht aus der ganzen Tiefe seines verletzten und geschändeten Ichs ...“[25]

Von diesem – bisher auf eigenen Wunsch anonym gebliebenen – Arzt konnte ich erfahren, welche Anstrengungen gerade Teile des Pflege- und Küchenpersonals unternommen haben, um die Münchener Anordnungen im Interesse ihrer Patienten zu unterlaufen.

23 Richarz(1987) 175
24 Richarz (1987) 175
25 Klee (1983) 432; Leibbrand (1946) 18 ff.

Das im folgenden abgedruckte Schreiben zur „Hungerkost-Verpflegung“ in den Heil- und Pflegeanstalten ist ein beeindruckendes Zeitzeugnis:

„Betr.: Verpflegung in den Heil und Pflegeanstalten
Beilagen: Nebenabdrucke für die Heil- und Pflegeanstalten des Regierungsbezirks.

Im Hinblick auf die kriegsbedingten Ernährungsverhältnisse und auf den Gesundheitszustand der arbeitenden Anstaltsinsassen läßt es sich nicht mehr länger verantworten, daß sämtliche Insassen der Heil- und Pflegeanstalten unterschiedslos die gleiche Verpflegung erhalten, ohne Rücksicht darauf, ob sie einerseits produktive Arbeit leisten oder in Therapie stehen oder ob sie andererseits lediglich zur Pflege in den Anstalten untergebracht sind, ohne eine nennenswerte nutzbringende Arbeit zu leisten. Es wird daher angeordnet, daß mit sofortiger Wirkung sowohl in quantitativer wie in qualitativer Hinsicht diejenigen Insassen der Heil- und Pflegeanstalten, die nutzbringende Arbeit leisten oder in therapeutischer Behandlung stehen, ferner die noch bildungsfähigen Kinder, die Kriegsbeschädigten und die an Alterspsychose Leidenden zu Lasten der übrigen Insassen besser verpflegt werden.

Auf die am 17. 11. 1942 im Staatsministerium des Innern stattgefundene Besprechung mit den Anstaltsdirektoren wird Bezug genommen. Die Anstaltsdirektoren haben unverzüglich die entsprechenden Maßnahmen zu veranlassen.

i. A. gez. Dr. Schultze (30. 11. 1942).“[26]

Der Unterzeichner dieses Schreibens, Walter Schultze, forderte kurz nach der Machtergreifung der Nationalsozialisten und aus Anlaß der Gründung der Staatsmedizinischen Akademie in München „Ausmerze“ anstelle der Konzentrationslager. Walter Schultze war seit 1919 Parteimitglied der NSDAP, seit deren Gründung Mitglied der SA und später SS-Brigadeführer. In seinem Prozeß vor dem Landgericht München 1 erhielt er 1948 ein mildes Urteil, u. a. wegen seiner „stets offenen, ehrlichen und männlichen Verteidigung ...“[27]

Sonderbehandlung der „Asozialen“ und „Unzurechnungsfähigen“

Gerhard Schmidt hat aufgrund der Haarer Akten untersucht, welcher Personenkreis nach § 42 StGB untergebracht war und zur Vergasung geschafft wurde:

„Als ‚kriminelle Geisteskranke‘ wurden auch potentielle Täter geführt,

26 LG München 1. 1 Kls 154/48
27 Richarz (1987) 171 f.

Kranke, die nichts verbrochen hatten, sondern lediglich aus Besorgnis der Gemeingefährlichkeit polizeilich (Artikel 80/II) eingeliefert worden waren. Nach Meldebogenkonzepten wurden drei solcher Krimineller noch am 11. Juli 1944 gemeldet, obwohl sie, 1943 nur einige Wochen untergebracht, längst entlassen waren, und obwohl der ‚Wert der Arbeitsleistung' bei allen Dreien sehr positiv ... beurteilt wurde. Dieser Kontrast zwischen objektiv fehlendem Tatbestand (kein Delikt) und Anzeigeeifer noch acht Wochen vor Zusammenbruch des Erfassungssystems erscheint systematisch für die ins Rollen gebrachte Lawine. Miterfaßt wurden Strafgefangene oder Internierte, die, während des Vollzugs erst geistig erkrankt, in die Heilanstalt gebracht worden waren. ...."[28]

Auch hier wurden die Definitionen „kriminell" und „geisteskrank" nach Gutdünken der Anstaltsleitung zugemessen und zur Vernichtung angewandt. Der weit gefaßte Begriff „Psychopathie" war schließlich auf alle, die dem herrschenden System kritisch oder feindlich gegenüberstanden, anwendbar, besonders auf Juden und Kommunisten.

Propaganda für die „Euthanasie"-Aktion – der Film „Ich klage an"

Im Zuge der „Euthanasie"-Aktion 1939 bis 1941 sahen sich die Leiter der Berliner Zentrale zunehmendem Widerstand aus der Bevölkerung ausgesetzt. So versuchte die Zentrale einen Propagandafilm für ihr Anliegen auf die Beine zu stellen. Vorlage für Hellmuth Ungers Briefroman „Sendung und Gewissen".[29] Er sollte die „erlösende Sterbehilfe" für unheilbar Kranke hoffähig machen. So schrieb Heinrich Himmler an Victor Brack:

> „Lieber Brack!
> Wie ich höre ist auf der Alb wegen der Anstalt Grafeneck eine große Erregung. Die Bevölkerung kennt das graue Auto der SS und glaubt zu wissen, was sich in dem dauernd rauchenden Krematorium abspielt. Was dort geschieht, ist ein Geheimnis und ist es doch nicht mehr. Somit ist dort die schlimmste Stimmung ausgebrochen, und es bleibt meines Erachtens nur übrig, an dieser Stelle die Verwendung der Anstalt einzustellen und allenfalls in einer klugen und vernünftigen Weise aufklärend zu wirken, indem man gerade in der dortigen Gegend Filme über Erb- und Geisteskranke laufen läßt.

28 Schmidt (1983) 71/72
29 Roth (1987) 93

Ich darf Sie um Mitteilung bitten, wie dieses schwierige Problem gelöst wurde.
Heil Hitler! Ihr Heinrich Himmler“[30]

Die schließlich von Regisseur Wolfgang Liebeneiner akzeptierte Fassung wurde mit Heidemarie Hatheyer, Paul Hartmann, Matthias Wiemann u. a. gedreht. Im offiziellen Ankündigungstext wird der Inhalt wie folgt dargestellt:

„Prof. Thomas Heydt lebt mit seiner Frau Hanna in glücklicher Ehe. Es scheint so, als ob ihm jeder Wunsch, den ein Mensch an das Leben stellen kann, in Erfüllung gegangen sei. Da erkrankt seine Frau. Zunächst glaubt man, daß ein kleiner Unglücksfall die Ursache der Lähmungserscheinungen sei. Hanna selbst nimmt mit Zuversicht an, daß sie ein Kind bekommt. Als sich ihr Befinden immer mehr verschlimmert, bittet Thomas seine Frau, Dr. Bernhard Lang aufzusuchen, einen alten Freund des Hauses, der selbst für Hanna eine stille Zuneigung hegt. Bernhard erkennt, daß Hanna an einer schweren Lähmung erkrankt ist, deren Ende nur ein qualvoller Erstickungstod sein kann. Hanna trägt ihr schweres Los nichtsahnend mit Optimismus. Ihr Mann arbeitet nun Tag und Nacht, zusammen mit seiner tüchtigen Assistentin, um den Erreger dieser noch unerforschten Krankheit zu entdecken und seiner Frau so doch noch Hilfe bringen zu können. Inzwischen versucht Bernhard, ihr Leben durch Arsenik-Kuren doch möglichst zu verlängern. Schon glaubt Thomas den Erreger gefunden zu haben, aber dieser Sieg im Wettlauf mit dem Tode erweist sich als ein Irrtum. Hanna hat auf dem Krankenlager immer mehr die wahren Umstände durchschaut. Sie hat Bernhard gebeten, ihr eingedenk seiner Liebe das Gift zu belassen, mit dem sie im Stande sei, sich selbst zu erlösen. Er hat es ihr verweigert, um seine Arztpflicht nicht zu verletzen. Als Hanna von schweren Erstickungsanfällen geplagt wird, folgt ihr eigener Mann ihren Bitten und seinem Gewissen und hilft ihr zum Tode. Bernhard kann seine Handlungsweise nicht verstehen und wendet sich von ihm, Hannas Bruder erstattet bei der Staatsanwaltschaft gegen Thomas wegen Mord Anzeige. Bei der Beweisaufnahme äußern sich die verschiedenen Zeugen meist günstig für Thomas. Er selbst schweigt. Das Gericht glaubt annehmen zu können, daß hier kein Mord, sondern Tötung auf Verlangen vorliegt. Der Sachverständige ist sogar der Meinung, daß die Krankheit, nicht aber das Gift den Tod verursacht hätte. Aber nur ein Zeuge kann die Wahrheit dieser Annahme bestätigen: Bernhard Lang. Jedoch er ist nicht aufzufinden und entzieht sich seiner Zeugenpflicht. Erst ein Fall seiner eigenen Praxis bewegt ihn zur Meinungsäußerung und Zeugenaussage. Er erscheint vor Gericht

30 Roth (1987) 101

und beweist fest und klar, daß Hanna den Dienst von ihrem Mann selbst verlangt hat. Thomas Heydt tritt in seinem Schlußwort ohne Rücksicht auf sein eigenes Schicksal dafür ein, daß unheilbar Kranke von ihrem Leid auf eigenen Wunsch erlöst werden dürfen. Danach bittet der Richter, den Spruch zu fällen."[31]

Der Spruch endet mit dem folgenden Monolog des Protagonisten Thomas Heydt: „Ich klage die Vollstrecker überwundener Anschauungen und überholter Gesetze an. Es geht hier nicht um mich, sondern um Hunderttausende jener hoffnungslos Leidenden, deren Leben wir gegen die Natur verlängern müssen und deren Qualen wir damit ins Widernatürliche steigern ... Und es geht um jene Millionen von Gesunden, denen kein Schutz vor Krankheit zuteil werden kann, weil alles, was dazu notwendig wäre, verbraucht werden muß, um Wesen am Leben zu erhalten, deren Tod für sie eine Erlösung und für die Menschheit die Befreiung von einer Last wäre ..."[32]

Aufschlußreich sind Anmerkungen, die Ernst Rüdin, Direktor der Deutschen Forschungsanstalt für Psychiatrie und Vorsitzender der Gesellschaft deutscher Neurologen und Psychiater, auf die gefährlichen Folgen für Multiple Sklerose-Kranke durch Kollegen angesprochen, an Paul Nitsche, den Leiter der T 4-Aktion schreibt:

„... Ich selbst war in dem Film und fand ihn ergreifend. Allerdings waren die Stimmen, die ich vom anwesenden Publikum aufschnappte, nicht zustimmend. Von einer Frau in meinem Rücken hörte ich: Das ist ein Propagandafilm für etwas, was eine schon beschlossene Sache ist. In einer kirchlich stark beeinflußten Bevölkerung wie München wird man ja natürlich kaum erwarten, daß alle glatt zustimmen. Ich selbst empfehle jedenfalls allen Leuten, sich den Film anzusehen."[33]

31 Klee (1985) 288

32 Der „Fall der eigenen Praxis" ist eine Schlüsselszene des Films. Dr. L. hat einem Kind das Leben gerettet, das fortan blind, taub, „idiotisch" ist. Die Eltern werfen dem Arzt vor, daß er dieses Kind „heilte, statt es sterben zu lassen ..."

33 Roth (1987) 113

Literatur:

ALY, G. (1987) (Hg.) Aktion T 4, 1939–1945. Die „Euthanasie“-Zentrale in der Tiergartenstraße 4. Berlin

BAYLE, F. (1950), Croix gammée contre Caducée

DRESSEN, W. (1983) „Euthanasie“. In: Kogon, E./Langbein, H./Rückerl, A. (Hg.) Nationalsozialistische Massentötungen durch Giftgas. Eine Dokumentation. Frankfurt

HAMANN, M. (1985) Die Morde an polnischen und sowjetischen Zwangsarbeitern in deutschen Anstalten. In: Beiträge zur nationalsozialistischen Gesundheits- und Sozialpolitik. Bd. I 121 ff. Berlin

JAROSZEWSKI, Z. (1982) Die Vernichtung psychisch Kranker unter deutscher Besatzung. In: Cahiers Pologne-Allemagne 3 (10). Paris

KLEE, E. (1983) „Euthanasie“ im NS-Staat. Frankfurt

KLEE, E. (Hg.) (1985) Dokumente zur „Euthanasie“. Frankfurt

KULIKOWSKA, A. (1987) Erinnerungen an das Psychiatrische Krankenhaus Goszynin während der Okkupationszeit. In: Aly, G. (1987) (Hg.) Aktion T 4, 1939–1945. Die „Euthanasie“-Zentrale in der Tiergartenstraße 4. Berlin

LEIBBRAND, W. (1946) Für die Menschenrechte der Geisteskranken. Nürnberg

LEIPERT, M. et al. (1987) Verlegt nach Unbekannt, Sterilisation und Euthanasie in Galkhausen, 1933–1945. Köln

RICHARZ, B. (1987) Heilen, Pflegen, Töten. Zur Alltagsgeschichte einer Heil- und Pflegeanstalt bis zum Ende des Nationalsozialismus. Göttingen

ROTH, K. H. (1984) (Hg.) Erfassung und Vernichtung. Von der Sozialhygiene zum „Gesetz über Sterbehilfe“. Berlin

ROTH, K. H. (1987) Ich klage an. Aus der Entstehungsgeschichte eines Propaganda-Films. In: Aly, G. (1987) (Hg.) Aktion T 4, 1939–1945. Die „Euthanasie“-Zentrale in der Tiergartenstraße 4. Berlin

SCHMIDT, G. (1983) Selektion in den Heilanstalten 1939–1945. Frankfurt

GEORG LILIENTHAL

Der „Lebensborn e. V."

Förderung „wertvollen" Lebens als Kontrast zur Vernichtung „lebensunwerten" Lebens

Was verbindet den „Lebensborn"[1] mit der „Euthanasie"? Das Gemeinsame zwischen beiden Bereichen wird im Untertitel zur Überschrift ausgesprochen: die Bewertung des menschlichen Lebens. Es wurde bemessen nach der Funktions- und Leistungsfähigkeit für Gesellschaft und Staat; ablesbar an der körperlichen und geistigen Tüchtigkeit, dem Erfolg in Schule und Beruf, am politischen Verhalten. Die individuelle Persönlichkeit war im Nationalsozialismus kein Wert mehr an sich. An ihre Stelle trat die Gesellschaft, der Staat, verkörpert in dem Begriff der Rasse, der sowohl den biologischen Typus als auch die Normen sozialen Verhaltens bestimmte. Diese Anschauung hatte Tradition: Schon vor 1933 wurden die Rechte des Individuums in Frage gestellt oder zunehmend ignoriert. Erinnert sei an den Sozialdarwinismus und die Wandlung der Medizin zur Naturwissenschaft, welche die Reduzierung des Patienten zum Behandlungs- und Forschungsobjekt zur Folge hatte.

Diese Wertverschiebung vollzog sich während des Dritten Reiches in allen Lebensbereichen – in unterschiedlicher Intensität –, vor allem aber im Gesundheits- und Wohlfahrtswesen. Sie fand daher nicht nur in den Konzentrationslagern oder in den psychiatrischen Tötungsanstalten statt. Deshalb sind die 350 bis 400 ärztlichen Verbrecher, von denen seit den Nürnberger Prozessen im Zusammenhang mit der „Euthanasie" die Rede ist, nur die Spitze des Eisbergs. Man kann heute nicht mehr behaupten, daß nur diese kleine Zahl von Medizinern in nationalsozialistische Verbrechen verstrickt gewesen sei, wie dies der Präsident der Bundesärztekammer im Jahr 1987 getan hat.[2] Angesichts der neugewonnenen historischen Kenntnisse müssen seine Äußerungen Widerspruch hervorrufen. Sie sind inzwischen Gegenstand einer öffentlich geführten Auseinandersetzung.[3]

Nur wer den ideologischen, wissenschaftshistorischen, politischen und

1 Ausführlich ist das Thema behandelt in Lilienthal (1985). Vgl. insbesondere in bezug auf Abbildungen LILIENTHAL (1988)

2 VILMAR (1987)

3 STOCK (1987) und die von 16 Medizinhistorikern unterzeichnete Entgegnung BLEKER/SCHMIEDEBACH (1987)

sozialen Kontext der Medizin im „Dritten Reich“ außer acht läßt, kann die irreführende Überzeugung gewinnen, daß die Ärzte bis auf eine „geringe Zahl aktiver medizinischer Verbrecher“[4] in ihrer überwältigenden Mehrheit an den überlieferten Grundsätzen ihrer Berufsauffassung festgehalten hätten. Und nur auf diesem Wege konnte das Nürnberger Gericht 1947 zu dem Fehlurteil gelangen, daß der „Lebensborn“ eine Wohlfahrtseinrichtung gewesen sei und für die in seiner Obhut befindlichen Kinder, vor allem auch für die aus dem Ausland nach Deutschland verschleppten, nach besten Kräften gesorgt und ihre rechtlichen Interessen gewahrt habe.

Die Wertverschiebung fand ihren sichtbarsten Ausdruck in der nationalsozialistischen Rassenpolitik. Sie beruhte nicht nur auf der Vernichtung aller rassisch und sozial „Minderwertigen“ durch Sterilisation, „Euthanasie“ und Völkermord, sondern auch auf der Begründung einer rassischen Elite, die in ihrer letzten Konsequenz die traditionelle Sozialordnung aufgehoben hätte. Diese vom Rassenwahn getragene Ordnungspolitik gehörte neben der konventionellen Machtpolitik zu den Mitteln, mit denen Hitler und die Nationalsozialisten die Weltherrschaft stufenweise erringen wollten. Die gesteuerte biologische Höherentwicklung durch Auslese als Komplement zur nationalsozialistischen Rassenideologie der Ausmerzung rassisch und sozial „Untauglicher“, ist in seiner Komplexität noch zu wenig beachtet worden.

Nach der Machtergreifung betrieben die Nationalsozialisten die „biologische Aufrüstung des deutschen Volkes“ mit allen Mitteln. Ein Ausgangspunkt war dabei die Bekämpfung des Geburtenrückgangs. Für die kinderreiche Familie wurde bei jeder Gelegenheit geworben, finanzielle Anreize geschaffen und sonstige Erleichterungen gewährt. Auch mit der Förderung unehelicher Geburten hoffte man, dem Bevölkerungsdefizit begegnen zu können. Deshalb wurde eine weitgehende Gleichstellung der unehelich mit den ehelich Geborenen propagiert und der Abbau ihrer rechtlichen Benachteiligung vorbereitet. Mit dem Kriegsausbruch schlug diese „Unehelichenpolitik“ in eine offensive Geburtenpolitik um.

Wenn der Reichsführer-SS Heinrich Himmler mit dem „Lebensborn“ Abtreibungen verhindern wollte, so dachte er dabei nicht an das persönliche Schicksal hilfsbedürftiger Frauen, sondern ausschließlich an den Geburtenausfall. Ihn zu verringern und damit zur biologischen Stärkung des deutschen Volkes beizutragen, war das Ziel. Die Erhöhung der Geburtenrate sollte die bevölkerungspolitische Voraussetzung schaffen für Hitlers Plan der Eroberung neuen „Lebensraumes“. Dem Reichsführer-SS und Hitler schwebten die Errichtung eines „Germanischen Reiches“ in den weiten Gebieten Rußlands vor, bevölkert von einem neu formierten „germanischen Volk“.

4 Vilmar (1987) 770

Dies ist der ideologische Hintergrund, vor dem Heinrich Himmlers spezielles Motiv für den Einsatz des „Lebensborn“, den er 1935 im Rahmen der SS als Verein gründete, zu sehen ist. Der Reichsführer-SS hoffte, daß mit den Kindern, die in den Heimen des Vereins geboren wurden und unter seiner Obhut aufwuchsen, der biologische Bestand der SS vermehrt würde. Sie und ihre Mütter wurden denselben Auslesekriterien unterworfen wie die Mitglieder der SS. Deshalb war Heinrich Himmler davon überzeugt, daß aus dem „Lebensborn“ der „Adel der Zukunft“ hervorgehen werde.

Der Verein unterhielt, verstreut über das Reichsgebiet, bis kurz vor Kriegsende acht Entbindungs- und vier Kinderheime. Obwohl er auch verheiratete Frauen aufnahm, konzentrierte er seine Aufmerksamkeit doch auf die ledigen Mütter. Seine Fürsorge beschränkte sich nicht nur auf eine unbeschwerte Entbindung. Nach der Geburt übernahm er die Vormundschaft des Kindes und besorgte der Mutter auf Wunsch einen Arbeitsplatz oder eine Wohngelegenheit. Konnte sie das Kind wegen ihrer Berufstätigkeit nicht zu sich nehmen, verblieb es unter der Aufsicht des Vereins, oder er vermittelte es in eine Pflegefamilie. In mehreren Fällen leitete er eine Adoption in die Wege.

Diese vielfältigen Aufgaben und die gesundheitliche Überwachung der Heime, in denen insgesamt ca. 7000–8000 Kinder, davon 50–60 % unehelich, geboren wurden, erforderten ein zahlreiches Pflegepersonal. Der „Lebensborn“ hatte bei Kriegsende ca. 700 Mitarbeiterinnen und Mitarbeiter, davon 80 % Frauen, die als Bürokräfte Zivilangestelte der SS waren oder als Pflegepersonal von der NS-Schwesternschaft bzw. freien Schwesternschaft kamen, während leitende Funktionen bis auf die Oberschwestern in den Heimen überwiegend von SS-Angehörigen ausgeübt wurden. Sitz der Verwaltungszentrale war München.

Die ideelle Führung des „Lebensborn“ lag in den Händen von Dr. med. Gregor Ebner, der als Leiter der Hauptabteilung Gesundheit nicht nur verantwortlich war für die gesundheitlichen Belange der Heiminsassen und des Personals, sondern auch dem Verein die rassenideologische Ausrichtung gab. Er war die wichtigste Person in der Führung. Seine Parteikarriere war typisch für einen NS-Arzt in verantwortlicher Stellung. Nach Teilnahme am Ersten Weltkrieg und Mitgliedschaft im Freikorps Epp trat er am 1. 11. 1930 der NSDAP bei, für die er sofort eine Ortsgruppe in seinem Heimatort Kirchseeon/Obb. gründete. Im darauffolgenden Jahr wurde er SS-Angehöriger. Nach eigenem Bekenntnis hatte er Heinrich Himmler bei der Studentenverbindung „Apollo“ in München kennengelernt. Von da an wurde er bis 1933 Arzt der Familie Himmler, die damals im Bereich seiner Privatpraxis wohnte. Aus dieser Zeit rührte auch seine Duzfreundschaft mit dem Reichsführer-SS. Im „Lebensborn“ hatte er stets den höchsten SS-Rang inne. Gregor Ebners parteipolitische Aktivitäten erschöpften sich nicht in der SS-Zugehörigkeit und der Leitung der Ortsgruppe Kirchseeon. Bereits vor der Machtergreifung war er dem NSD-Ärztebund beigetreten, in dessen Disziplinargerichtshof er 1934 von Reichsärzteführer Gerhard Wagner als einer der Stellvertreter berufen worden war und dessen Vorsitz er schließlich 1938 übernahm. Auch betätigte er sich als Redner des „Rassenpolitischen Amtes der NSDAP".

Unter Gregor Ebners Aufsicht, der seit der Eröffnung 1936 das größte und als Musterheim fungierende Heim „Hochland" in Steinhöring/Obb. leitete, war für jedes Entbindungsheim ein Arzt angestellt. Die Mehrzahl dieser Heimärzte war tätig, ohne ausreichend für Geburtshilfe, Frauenheilkunde oder Kinderheilkunde qualifiziert zu sein. Selbst Gregor Ebner hatte nur eine allgemeinmedizinische Ausbildung genossen. Anfangs wurde die fachärztliche Betreuung der Heiminsassen durch Kinderärzte ausgeübt, die ihre Praxis in der Nähe der Heime hatten. Außerdem wurden jeden Monat klinische Berichte an Prof. Günter K. F. Schultze zur Auswertung geschickt. Er war Direktor der Universitäts-Frauenklinik Greifswald und bis 1945 der Spezialist in Deutschland für die künstliche Befruchtung. Später wurden drei sogenannte „beratende Fachärzte" für den „Lebensborn" berufen:

1. Prof. Josef Becker für Kinderheilkunde. Er war Direktor der Universitätskinderklinik Marburg. Als sich 1941 der Gesundheitszustand in den „Lebensborn"-Heimen verschlechterte, riet er nicht nur zu hygienischen und baulichen Verbesserungen, sondern verlangte auch eine strengere Auslese der Mütter.
2. Prof. Wilhelm Pfannenstiel für Hygiene. Der Direktor des Hygieneinstituts der Universitäts-Klinik Marburg, Zeuge einer Massenerschießung im Vernichtungslager Belzec, schien 1942 zunächst nicht abgeneigt, Dr. Sigmund Rascher, der im KZ Dachau Unterkühlungsversuche an Häftlingen vornahm, an seinem Institut zu habilitieren. Wegen nicht durchführbarer Geheimhaltungsmaßnahmen lehnte er schließlich das Habilitationsgesuch ab.
3. Dr. Hans Mackenrodt für Geburtshilfe. Er besaß in Berlin eine Privatklinik und galt in der SS als Fachmann für die Behandlung der weiblichen und männlichen Unfruchtbarkeit.

Als SS-Angehörige waren sie ehrenamtlich tätig und mußten regelmäßig die Heime inspizieren, das Pflegepersonal weiterbilden, ärztliche Berichte der Heime fachlich und statistisch auswerten.

Im „Lebensborn" legte man kein großes Gewicht darauf, daß die bei ihm beschäftigten Ärzte eine fachärztliche Versorgung sicherstellen konnten. Sie wurde in Notfällen von den Heimen benachbarten Krankenhäusern oder ortsansässigen Spezialisten gewährleistet. Vielmehr mußten sie ihrer Doppelrolle als ärztliche Betreuer und Repräsentanten nationalsozialistischer Weltanschauung genügen. Aus diesem Grund waren sie gleichzeitig alleinverantwortliche Leiter der Heime. Diese Stellung verpflichtete sie zur Beteiligung an Aufgaben, die den „Lebensborn“ seiner wahren Zielsetzung gemäß als Vollzugsorgan nationalsozialistischer Rassenpolitik enthüllte.

Als Voraussetzung erfolgreicher Arbeit betrachtete die „Lebensborn“-Führung die Geheimhaltung. Einerseits sollte mit ihr die unverheiratete Mutter vor Diskriminierung geschützt werden. Andererseits konnte der Verein unter dem Mantel der Verschwiegenheit seine rassenideologischen Absichten ungestörter verfolgen. Die Geheimhaltungsmaßnahmen waren nur durchführbar unter Ausschaltung oder Umgehung geltenden Rechts. Eigene Heim-Standesämter verhinderten, daß das Geburtsstandesamt der Mutter von der Geburt eines unehelichen Kindes unterrichtet wurde, wie es gesetzlich vorgeschrieben war. Standesbeamter war regelmäßig der ärztliche Heimleiter, der auch sonst alle in den Heimen vorkommenden Personenstandsfälle beurkundete. Um die polizeiliche Meldepflicht zu unterlaufen, richtete der Verein eigene Meldeämter ein und verschaffte den werdenden Müttern Deckadressen, damit sie ihrer Heimatbehörde nicht das „Lebensborn“-Heim als neuen Aufenthaltsort nennen mußten.

Solange die Mütter im Heim lebten, waren sie gehalten, an der „weltanschaulichen Schulung“ teilzunehmen, die dreimal wöchentlich stattfand. Daß die Kurse von den Heimleitern durchgeführt wurden, war kein Zufall, sondern ging auf die Vorstellung Heinrich Himmlers von einem neuen Arzt zurück, die im „Lebensborn“ zum ersten Mal verwirklicht werden sollte. Dieser Arzt sollte kein weißgekleideter Operateur sein, sondern ein „Seelenarzt“, der sich bevorzugt den vielfältigen Problemen einer werdenden Mutter widmet. Die Intention, die hinter dem Wunsch stand, daß der Arzt die Tätigkeit ausübt, die „früher dem Priester“[5] zukam, wird offenbar in der sogenannten „Namensgebung“, mit der das Neugeborene in die „SS-Sippengemeinschaft“ aufgenommen wurde. Sie ersetzte in der SS die christliche Taufe. In Anlehnung an den kirchlichen Ritus führte der Heimleiter die Zeremonie durch, mit deren Vollzug die Kinder offiziell zum SS-Nachwuchs zählten. Nirgendwo tritt der Anspruch der SS auf das gesunde, rassisch „hochwertige“ Kind offener zutage als in der „Namensgebung“.

Die Fürsorgemaßnahmen des „Lebensborn“ dürfen nicht darüber hinwegtäuschen, daß sie nicht dem Gefühl für soziale Gerechtigkeit, sondern dem Willen zur bewußten Höherentwicklung der absolut gesetzten germanisch-nordischen Rasse entsprangen. Deshalb legte die „Lebensborn“-Führung besonderen Wert auf eine biologische Auslese. Werdende Mütter wurden nur in die Heime aufgenommen, wenn sie den rassischen und erbbiologischen

5 Protokoll der Sitzung des Aufsichtsführenden Vorstandes des „Lebensborn“ vom 5. 4. 1939. 10. Bundesarchiv Koblenz: NS 20/30. Bd. 1

Voraussetzungen, die für die SS galten, entsprachen. Mit speziellen Fragebögen, die anfangs von einem SS-Arzt ausgefüllt werden mußten, in den Kriegsjahren aber von jedem niedergelassenen Arzt bearbeitet werden konnten, hatten die Frauen ihre gesundheitliche und rassische Tauglichkeit nachzuweisen.

Mit der Aufnahme in ein „Lebensborn"-Heim war aber noch nicht das rassische Endurteil über die Mutter gefällt. Denn die Auswahl war nur nach gesundheitlichen Maßstäben und dem äußeren „rassischen Erscheinungsbild" erfolgt, zum Beispiel wurden Frauen, bei denen mit einer komplizierten Geburt zu rechnen war, abgewiesen. Die Beurteilung ihrer Körpermerkmale sollte ergänzt werden durch die Bestimmung ihres Charakters, wozu die Beobachtung ihres Verhaltens während des Heimaufenthaltes Gelegenheit bot. Aus diesem Grund wurden 1938 im „Lebensborn" Fragebogen eingeführt, die vom ärztlichen Heimleiter mit Hilfe der Oberschwester beantwortet wurden und für den Reichsführer-SS persönlich bestimmt waren. Diese „RF-Fragebogen" waren streng geheim und wurden ohne Wissen der Mütter angelegt. Neben persönlichen Daten wurde das „rassische Erscheinungsbild" der Mutter notiert sowie ihr Verhalten im Heim und gegenüber dem Kind. Abschließend wurde gefragt, ob sie „rassisch", „weltanschaulich" und „charakterlich" der Auslese der SS entspräche und ob von ihr „im Sinne des Ausleseprinzips der SS noch weitere Kinder erwünscht"[6] seien. Die Fragebogen wurden von der Zentrale in München mit einer rassischen Gesamtnote versehen, die drei Grade unterschied: „I = vollkommen der SS entsprechend, II = guter Durchschnitt, III = Auslese nicht mehr entsprechend."[7] Mit Pedanterie kontrollierte Heinrich Himmler die Fragebogen und korrigierte ihr Endurteil, wo es ihm nötig schien.

In Abstimmung mit Hitler forderten Ende 1939 Heinrich Himmler für die SS und der „Stellvertreter des Führers" Rudolf Heß im Namen der Partei öffentlich zur Zeugung unehelicher Kinder auf und leiteten damit angesichts zu erwartender Menschenverluste durch den Krieg eine offensive Geburtenpolitik ein. Stets warb dabei Heinrich Himmler mit den organisatorischen Möglichkeiten des „Lebensborn". In den nächsten Jahren errichtete der Verein in Belgien, Frankreich, Luxemburg, Norwegen und Polen eigene Entbindungs- und Kinderheime, in denen über 6000 Kinder zur Welt kamen. Im Westen sollten auf diesem Wege die unehelichen Kinder deutscher Soldaten ihrer angeborenen Nationalität entfremdet und teilweise unter Mißachtung ihres

6 Schreiben Ebners an Heim „Wienerwald" vom 7. 12. 1938. International Tracing Service. Arolsen (= ITS): Lebensborn- (= L) Ordner 16. Bl. 104

7 Aktenvermerk Ebners über die Besprechung bei Himmler vom 13. 1. 1941. ITS: L-Ordner 15. Bl. 34

Heimatrechts als zusätzliches „germanisches Blut“ dem deutschen Volk zugeführt werden. Im Osten beteiligte sich der „Lebensborn“ an der Eindeutschung „fremdvölkischer Kinder“, überwiegend aus Polen, die aus Heimen geholt oder sogar ihren Eltern oder Pflegern gewaltsam entrissen worden waren. Ärzte, unter ihnen auch Dr. Gregor Ebner, nahmen die gesundheitliche, psychologische und rassische Auslese vor. Die Kinder erhielten deutsche Namen und neue Geburtsurkunden. In Einzelfällen nahm Josef Becker als „Lebensborn“-Fachberater für Kinderheilkunde anthropologische Altersbestimmungen vor. Zehn Kinder, die als eindeutschungsfähig galten und in ein „Lebensborn“-Heim gelangten, sind zusammen mit sieben weiteren die einzigen Einwohner, die das SS-Massaker an dem tschechischen Dorf Lidice überlebten. Dieses Beispiel zeigt, daß die Ausmerzung der rassisch „Minderwertigen“ und die Förderung der rassisch „Hochwerten“ demselben unheilvollen Geist entsprangen. Weitere Beobachtungen aus dem „Lebensborn“ bestätigen diesen Befund. So war die Taxierung von Mutter und Kind in den erwähnten „RF-Fragebogen“, mit denen nach Gregor Ebners Ansicht „ein einzigartiges Mittel zur Beurteilung von Rassenleib und Rassenseele“[8] zur Verfügung stünde, kein Gedankenspiel versponnener Rassenschwärmer, sondern hatte weitreichende Folgen für diejenigen, die nicht den ideologischen Vorstellungen biologischer Norm entsprachen. Von der Endnote hing es ab, ob und in welchem Ausmaß Mutter und Kind vom Verein unterstützt wurden. Von den Eltern behinderter Kinder hätte Heinrich Himmler am liebsten die Sterilisation verlangt. Wegen der Kriegsverhältnisse begnügte er sich aber in diesen Fällen mit dem Versprechen der Eltern, bis zu einer endgültigen erbgesundheitlichen Untersuchung nach dem Krieg auf weitere Kinder zu verzichten.

Die geschädigten Kinder ließ Gregor Ebner aus dem Heim nehmen. Auch verweigerte er ihnen die Führung der Vormundschaft durch den „Lebensborn“. Litten sie jedoch an schweren Behinderungen, verloren sie ihre Existenzberechtigung. Als „lebensunwertes Leben“ wurden sie in besondere Anstalten eingeliefert, in denen auch nach Hitlers offiziellem Tötungsstopp im Sommer 1941 die „Euthanasie“ durchgeführt wurde.

Am 27. Juli 1940 erschien im Deutschen Ärzteblatt folgende Notiz über einen Erlaß des Reichsinnenministeriums vom 1. Juli: „Behandlung mißgestalteter Neugeborener – Jugendpsychiatrische Fachabteilung in der Landesanstalt *Görden*: Der Reichsausschuß zur wissenschaftlichen Erfassung erb- und anlagebedingter schwerer Leiden hat zur Behandlung der von den Ärzten und Hebammen zu meldenden mißgestalteten usw. Kinder in der Landesanstalt *Görden* bei Brandenburg a.d.H. eine Jugend-Psychiatrische Fachabteilung

8 Aktenvermerk Ebners vom 16. 8. 1943. ITS: L-Ordner 27. Bl. 32

eingerichtet, die unter fachärztlicher Leitung sämtliche therapeutischen Möglichkeiten, die auf Grund letzter wissenschaftlicher Erkenntnisse vorliegen, wahrnimmt. ... Sache der Amtsärzte ist es, die Eltern des in Rede stehenden Kindes von den sich in der näher bezeichneten Anstalt bzw. Abteilung bietenden Behandlungsmöglichkeiten in Kenntnis zu setzen und sie gleichzeitig zu einer beschleunigten Einweisung des Kindes zu veranlassen. Den Eltern wird hierbei zu eröffnen sein, daß durch die Behandlung bei einzelnen Erkrankungen eine Möglichkeit bestehen kann, auch in Fällen, die bisher als hoffnungslos gelten mußten, gewisse Heilerfolge zu erzielen.[9] Leiter der Anstalt war Dr. Hans Heinze, der sich gleichzeitig als Gutachter für die im Rahmen der T 4 durchgeführten Erwachsenen-„Euthanasie" betätigte. Görden war die erste von 30„psychiatrischen Kinderfachabteilungen", die der Reichsausschuß einrichtete und in denen bis Kriegsende ca. 5000 Kinder getötet wurden.

Als ein Jahr später trotz der rassischen und erbbiologischen Auslese im „Lebensborn"-Heim „Pommern" in Bad Polzin ein behinderter Junge geboren wurde, schlug Gregor Ebner vor, das Kind nach Görden zu überweisen. Als Nichtmediziner mit den wahren Vorgängen in der Anstalt nicht vertraut, hatte der „Lebensborn"-Vorstand, SS-Standartenführer Max Sollmann, zunächst Bedenken, den Jungen dorthin zu bringen. Er fürchtete, der „Lebensborn" müsse jahrelang für seine Verpflegungskosten aufkommen. Daraufhin regte Gregor Ebner ein persönliches Gespräch mit Hans Heinze an, „damit wir uns über prinzipielle Fragen unterhalten können". Erläuternd fügte er hinzu, „ich glaube, den seinerzeitigen Hinweis im Deutschen Ärzteblatt als SS-Führer richtig verstanden zu haben."[10] Er wußte also, daß der Text des Erlasses vom 1. Juli nur zur Täuschung der Eltern gedacht war. Erst als Max Sollmann von Gregor Ebner über den eigentlichen Zweck der „Kinderfachabteilung" aufgeklärt worden war und der Anstaltsdirektor bestätigt hatte, daß der Anstaltsaufenthalt voraussichtlich nur drei Monate betragen würde, willigte ... Sollmann in die Überweisung des kleinen Jürgen ein. Görden war gegenüber dem „Lebensborn" zuvorkommend. Wenig später konnte Gregor Ebner dem Leiter von dem Heim „Pommern" mitteilen, daß der Junge bereits zwei Wochen nach seiner Ankunft in der Anstalt am 23. Februar 1942 „verstorben"[11] sei.

Dies war nicht der einzige Kontakt, den der „Lebensborn" mit der „Euthanasie" hatte und vermutlich auch nicht der einzige Fall einer Überweisung eines Kindes in eine Tötungsanstalt. 1943 besichtigte Prof. Werner Catel,

9 Behandlung (1940)

10 Schreiben EBNERS an den Direktor der Landesanstalt Görden vom 9. 1. 1942. ITS: L-Ordner 54. Bl. 123

11 Schreiben EBNERS an den Leiter des „Lebensborn"-Heimes „Pommern" in Bad Polzin vom 6. 3. 1942. ITS: L-Ordner 54. Bl. 129. Faksimile in HILLEL/HENRY (1975) nach S. 96

Behandlung mißgestalteter Neugeborener

Jugendpsychiatrische Fachabteilung in der Landesanstalt Görden

Der Reichsausschuß zur wissenschaftlichen Erfassung erb- und anlagebedingter schwerer Leiden hat zur Behandlung der von den Ärzten und Hebammen zu meldenden mißgestalteten usw. Kinder in der Landesanstalt Görden bei Brandenburg a. d. H. eine Jugend-Psychiatrische Fachabteilung eingerichtet, die unter fachärztlicher Leitung sämtliche therapeutischen Möglichkeiten, die auf Grund letzter wissenschaftlicher Erkenntnisse vorliegen, wahrnimmt. Es ist beabsichtigt, außer dieser Abteilung noch weitere Anstalten und Fachabteilungen einzurichten. Der Reichsausschuß wird in der Folgezeit an die Amtsärzte, in deren Bezirk das jeweils zur Einweisung in Frage kommende Kind wohnt, herantreten und ihnen mitteilen, in welcher Anstalt das Kind Aufnahme finden kann. Sache der Amtsärzte ist es, die Eltern des in Rede stehenden Kindes von der sich in der näher bezeichneten Anstalt bzw. Abteilung bietenden Behandlungsmöglichkeiten in Kenntnis zu setzen und sie gleichzeitig zu einer beschleunigten Einweisung des Kindes zu veranlassen. Den Eltern wird hierbei zu eröffnen sein, daß durch die Behandlung bei einzelnen Erkrankungen eine Möglichkeit bestehen kann, auch in Fällen, die bisher als hoffnungslos gelten mußten, gewisse Heilerfolge zu erzielen.

Falls sich Schwierigkeiten bei der Kostenregelung ergeben sollten, ist den Eltern anheimzustellen, sich an den Reichsausschuß zur wissenschaftlichen Erfassung erb- und anlagebedingter schwerer Leiden in Berlin W 9, Postschließfach 101, unmittelbar zu wenden.

Abb. Nr. 5

Direktor der Universitäts-Kinderklinik Leipzig und neben Dr. Hans Heinze einer der drei Obergutachter der Kinder-„Euthanasie“, ein „Lebensborn“-Kinderheim in Sachsen. Im Anschluß an seinen Besuch ließ er anfragen, ob der „Lebensborn“ nicht für 12 Monate einen 2½jährigen taubstummen Jungen aus seiner Beobachtungsabteilung aufnehmen könne, da „uns eine endgültige Beurteilung erst nach Ablauf eines weiteren Lebensjahres möglich erscheint“.[12] Ein andermal fuhren 50 „Lebensborn“-Mitarbeiter, vermutlich aus der Verwaltungszentrale in München, in die Anstalt Eglfing-Haar, die seit 1940 ebenfalls eine „psychiatrische Kinderfachabteilung“ besaß, um an einem rassenhygienischen Schulungskurs teilzunehmen.[13] Ein Augenzeuge schilderte nach dem Krieg seinen Besuch auf der Kinderfachabteilung in Eglfing-Haar im Herbst 1939: Der Leiter Dr. Hermann Pfannmüller erläuterte seinen Zuhörern, daß man die Kinder nicht direkt töte: „Nein, unsere Methode ist viel einfacher und natürlicher, wie sie sehen. Bei diesen Worten zog er . . . ein Kind aus dem Bettchen. Während er dann das Kind wie einen toten Hasen herumzeigte, konstatierte er mit Kennermiene und zynischem Grinsen: Bei diesem wird's noch zwei bis drei Tage dauern. Der Anblick des fetten, grinsenden Mannes, in der fleischigen Hand das wimmernde Gerippe, umgeben von anderen hungernden Kindern, ist mir noch immer deutlich vor Augen.“[14]

Die Geschichte des „Lebensborn“ zeigt, daß er weder eine Zuchtanstalt war, in der blonde, blauäugige Frauen und Männer zusammengeführt wurden, um für den „Führer“ ein Kind zu zeugen, noch eine karitative Organisation, die sich aus Nächstenliebe lediger Mütter und ihrer Kinder annahm, sondern eine SS-Organisation, die helfen wollte, die rassenbiologischen Grundlagen für das zu errichtende „Germanische Weltreich“ zu legen. Er war Instrument einer Rassenpolitik, die von dem Wunsch zur Schaffung eines „germanischen Herrenvolkes“ ebenso beherrscht war wie von dem Willen zur Vernichtung der „Untermenschen“. Und es waren Ärzte, die sich dieser Einrichtung und ihren Zielen bedingungslos zur Verfügung stellten.

12 Schreiben der Universitäts-Kinder-Klinik und Poliklinik zu Leipzig an die Leiterin des „Lebensborn“-Kinderheimes „Sonnenwiese“ in Kohren-Sahlis vom 18. 11. 1943. ITS: L-Ordner 28. Bl. 202

13 Schmidt (1965) 27 f.

14 Klee (1983) 88; vgl. auch Schmidt (1965) 29

Literatur

Behandlung mißgestalteter Neugeborener. In: Deutsches Ärzteblatt 70 (1940) 317

Bleker, J./Schmiedebach H.-P. (1987) Sich der Wahrheit stellen. Medizinhistoriker kritisieren Dr. Vilmar. In: Die Zeit 46 (1987) 47

Hillel, M./Henry, C. (1975) Lebensborn e. V. Im Namen der Rasse. Wien, Hamburg

Klee, E. (1983) „Euthanasie" im NS-Staat. Die Vernichtung „lebensunwerten Lebens". Frankfurt

Lilienthal, G. (1985) Der „Lebensborn e. V.". Ein Instrument nationalsozialistischer Rassenpolitik. Stuttgart, New York (Forschungen zur neueren Medizin- und Biologiegeschichte, Bd. 1)

Lilienthal, G. (1988) Medizin und Rassenpolitik – Der „Lebensborn e. V." der SS. In: Deutsches Ärzteblatt 85 (1988) 3046–3052

Schmidt, G. (1965) Selektion in der Heilanstalt 1939–1945. Stuttgart

Stock, U. (1987) Ärzte streiten über die Vergangenheit. In: Die Zeit 46 (1987) 46

Vilmar, K. (1987) Die „Vergangenheitsbewältigung" darf nicht kollektiv die Ärzte diffamieren. Interview mit Dr. Karsten Vilmar. In: Deutsches Ärzteblatt 84 (1987) 767–779

DIETFRID KRAUSE-VILMAR

Verdrängen oder annehmen?
Über den Umgang mit dem Nationalsozialismus heute

Die Frage, wie wir mit der nationalsozialistischen Zeit umgehen können[1], entzieht sich einer klaren fachlichen Zuordnung. Darin liegt eine große Schwierigkeit. Wir sind bei dieser Frage nach unserer Kultur – um eine solche handelt es sich – auf viele einzelne Disziplinen angewiesen. Wir sind jedoch vor allem auf die Erfahrungen von Menschen verwiesen. Denn die Frage geht jeden an, und jeder kann hier mitreden.

Eine zweite Besonderheit kommt hinzu. Die Frage des Umgangs mit der Nazizeit hat aufs engste mit unserem Verständnis dieser Zeit selbst zu tun. Hierfür wußte sich lange Zeit die Theorie des Faschismus zuständig. Meine hier nicht näher zu belegende These ist, daß diese theoretischen Anstrengungen, die sang- und klanglos eingeschlafen sind, uns im grundsätzlichen nicht weitergeführt haben. Durch eine Beschränkung auf „objektive" Strukturen, auf „Systeme" und „Funktionen" hat man sich auf einen Nebenschauplatz des Problems begeben; diese „Theorie" ist schal geworden, sie erklärt nichts wesentliches mehr. In dieser Situation ist die Wiedereröffnung der Diskussion gefordert, zu der ich beitragen möchte.

Bevor ich zum Thema selbst komme, möchte ich mich vorstellen. Ich spreche als Pädagoge, Zeithistoriker und als Bildungsarbeiter der Gedenkstätte Breitenau, die von ehemaligen Studenten unserer Hochschule und mir eingerichtet worden ist, und in der wir praktische pädagogische Erfahrungen sammeln.

I.

Unser Wissen über die Zeit des Nationalsozialismus hat sich dank ausgreifender zeitgeschichtlicher Forschungen in den letzten Jahren erheblich erweitert. Auf der Reichs-Ebene sind zahlreiche Dokumentationen erschienen, wobei

1. Ich folge hier meinen Überlegungen, die ich für die pädagogische Arbeit in (KZ-)Gedenkstätten formuliert habe. Vgl. KRAUSE-VILMAR (1987)

sogar Nachdrucke (z. B. der SoPaDe-Bericht[2] – diese sogar in einem ausgesprochen fachfremden Verlag! –) auf großes Interesse stießen. Einige NS-Zeugnisse erschienen mehrfach: die Tagebücher von Joseph Goebbels z. B. sind mehrfach in der Bundesrepublik veröffentlicht worden (wobei man hier fragen könnte, ob der Inhalt in einem Verhältnis zum Umfang und zum Aufwand der Edition stand). Zwei Biographien zu Hermann Göring sind im Jahr 1986 erschienen; mehrere große Hitler-Deutungen und Hitler-Biographien sind in den letzten Jahren publiziert worden.

Auch unter systematischen Gesichtspunkten ist gerade in jüngster Zeit viel erforscht worden: Während seit der frühen Studie von BRACHER/SCHULZ/SAUER[3] zunächst der Abschnitt der Machtergreifung Hitlers behandelt wurde (der inzwischen als „ausgeforscht" gelten kann), rückten später Fragen der Verfolgung (besonders der Verfolgung und Vernichtung der Juden) und des Widerstands bzw. der Resistenz, der Kriegszeit, des nationalsozialistischen Macht- und Herrschaftssystems, der Alltagsforschung (vor allem durch die Studie von Tim Mason)[4] in den Vordergrund, an denen bis heute gearbeitet wird. Nicht zu vergessen sind die im letzten Jahrzehnt fast unübersehbar gewordenen regional-, besonders jedoch die lokalhistorischen NS-Studien und Forschungen. „Bayern in der NS-Zeit" z. B. umschließt ein sechsbändiges Monumentalwerk[5], ähnliche Untersuchungen sind z. B. auch über das Ruhrgebiet[6] erschienen.

Hinsichtlich stadtgeschichtlicher Forschungen lag vor zehn Jahren kaum eine Veröffentlichung vor: für das Gebiet des heutigen Bundeslandes Hessen war die Arbeit von REBENTISCH/RAAB[7] über Neu-Isenburg die erste und lange Zeit die einzige dieser Art. Heute hat sich das Bild stark verändert. Zum einen liegen grundlegende Dokumentationen wie die Lageberichte der Gestapo-Stellen Frankfurt und Kassel und die Berichte des Kasseler Regierungspräsidenten vor[8]; zum andern sind lokalgeschichtliche Dokumentationen und Darstellungen selbst kleiner Städte und Dörfer[9] erschienen. Mit großer Verspätung, aber noch nicht zu spät, sind in zahlreichen Städten und Gemeinden Gedenkbücher, Erinnerungsblätter, auch Gedenksteine veranlaßt worden – vielfach den umgebrachten oder ums Leben gekommenen deutschen

2 Deutschland-Bericht der SoPaDe (1934 ff./Nachdruck 1980)

3 BRACHER/SCHULZ/SAUER (1960)

4 MASON (1975)

5 BROSZAT/FRÖHLICH (Hg.) (1977 ff.)

6 NIETHAMMER (Hg.) (1983)

7 REBENISCH/RAAB (1978)

8 KLEIN (Hg.) (1985); KLEIN (Hg.) (1986)

9 Vgl. z. B. KAMMLER/KRAUSE-VILMAR (Hg.) (1984, 1987) zu Kassel oder HOCHHUTH (1985) zu Wattenbach; VAUPEL (1984) und KÖNIG/SCHNEIDER (1985) zu Hessisch Lichtenau

Juden aus den entsprechenden Orten gewidmet. Einladungen an ehemals Verfolgte sind ausgesprochen und angenommen worden (z. B. in Hofgeismar, in Kassel, in Hessisch Lichtenau). Weitere Forschungsprojekte sind im Gange bzw. in Vorbereitung[10]; die neu entstandenen Schriftenreihen und die „graue Literatur" im Rahmen der Projekte der „Spurensicherung" lassen sich nicht sämtlich aufführen[11]; es sind hierbei neue theoretische Äußerungen und Ansätze herausgekommen.[12] Auch ist es im Zuge der wissenschaftlichen Erforschung des Nationalsozialismus zu einer Popularisierung[13] geschichtlicher Arbeitsweisen gekommen. Die Wettbewerbe um den Preis des Bundespräsidenten in Geschichte haben hier beigetragen; bemerkenswerterweise war das Echo seitens der Schüler besonders für die Nazizeit sehr groß.[14]

Man kann sagen: Kein Abschnitt der deutschen Geschichte ist in den letzten fünfzehn Jahren (in den ersten 20 Jahren nach dem Krieg sah dies noch anders aus) so intensiv bearbeitet worden wie die Zeit des „Dritten Reichs", obgleich diese in historischem Maßstab doch nur eine ausgesprochen kurze Zeitspanne (ganze zwölf Jahre) währte! Die Bundesrepublik Deutschland hat das „Dritte Reich" an Dauer bereits mehr als dreimal überholt!

Worauf ich Ihre Aufmerksamkeit lenken möchte, ist folgende Frage: Hat diese beeindruckende wissenschaftliche und literarische Anstrengung unserem Erkenntnisinteresse im grundsätzlichen einen Ertrag gebracht? Sie hat uns gewiß die Hauptfragen im Umgang und im Begreifen dieser Zeit präzisieren lassen; darin sehe ich das große Verdienst der zeitgeschichtlichen Forschung der letzten Jahre. Unser historisches Wissen von den Zusammenhängen und von Einzelnem hat sich in diesen Jahren erfreulicherweise vertieft und differenziert und auch zur notwendigen Historisierung[15] zurückgeführt. Es korrespondiert dem jedoch nicht ein gleicher Ertrag im Bereich der grundsätzlichen Deutungen und Bearbeitungen, wie mir scheint. Es bleiben Hauptfragen weiterhin unbeantwortet.

10 Vgl. z. B.: Forschungsarbeiten (1988).

11 Dokumentiert sind zahlreiche dieser Projekte z. B. in: Bundeszentrale f. polit. Bildung (Hg.) (1987); Die Grünen (Hg.) (1984); Engelke/Steffens (1983) und Krause-Vilmar (1988)

12 Zang (1985), Lüdtke (1986)

13 Heer/Ullrich (1985)

14 An den beiden Wettbewerben zum Nationalsozialismus haben sich „rund 19000 Schülerinnen und Schüler mit 3340 Beiträgen beteiligt. Die Wettbewerbssequenz ‚Alltag und Zeitgeschichte' ist somit trotz des noch ausstehenden Nachkriegsthemas bereits die erfolgreichste der bisher durchgeführten Wettbewerbsreihen. Zum Vergleich seien hier angeführt: An den drei Wettbewerben zur Geschichte der deutschen Freiheitsbewegungen beteiligten sich über 10000 Jugendliche mit 1729 Arbeiten, an den drei Wettbewerben ‚Zur Sozialgeschichte des Alltags' über 13000 Jugendliche mit 3018 Wettbewerbsbeiträgen." Galinski/Schmidt (Hg.) (1985) 39

15 Graml/Henke (1987)

II.

Von den beiden Fragen, die ich für grundsätzlich oder für besonders wichtig halte, wenn man diese „Erbschaft“ in einem befreienden Sinne „hinter sich bringen“ möchte, ist die erste vielleicht einfacher zu behandeln als die zweite. Sie lautet:

Was war das besondere, das charakteristische, das Wesen des Nationalsozialismus?

Zunächst hat man sich zu vergegenwärtigen, daß der Horizont der Antwort auf eine solche Frage nicht nur die Möglichkeiten einer einzigen Wissenschaftsdisziplin übersteigt (interessanterweise sind an dieser Frage nicht nur Historiker, Sozialwissenschaftler, Politologen, Philosophen, auch Psychoanalytiker, Literaturwissenschaftler, ja Schriftsteller selbst beteiligt). Man muß hier nachgerade die Beteiligung möglichst vieler Wissenschaftszweige fordern. Die bisherigen Versuche, den Nationalsozialismus mit Hilfe noch so weit gespannter disziplinärer Erklärungsansätze zu begreifen, haben nicht zum Ziel geführt.

Man kann vielleicht mit Hilfe der marxistischen Gesellschaftstheorie, mit der Revolutions- oder der Totalitarismustheorie oder aufgrund des „deutschen Sonderweges“ oder durch geschichtsphilosophische Überlegungen einzelne Züge des Nationalsozialismus aufhellen. Es bleibt jedoch das Unbehagen, daß man aus der Sicht einzelner Theorien der Totalität des Phänomens nicht gerecht wird. Hauptfragen bleiben ungeklärt. Auch spiegeln einseitige Erklärungsversuche ein Symptom wider, das den Nationalsozialismus selbst eminent begünstigt hat: daß nämlich nur wenige Menschen ihn in seinen schlimmen Folgen über ihren eignen Wirkungs- und Interessenbereich hinaus wahrzunehmen und einzuschätzen verstanden. Der Nationalsozialismus hat sich in Ansatz und Folgen als totaler und vorauseilender als das Denken und Handeln der von ihm Betroffenen erwiesen.

Ein Phänomen wie der Nationalsozialismus, das in der mörderischen Anhäufung von Terror, Krieg, ja systematischer Vernichtung von Menschen alle bekannten Schreckensregime der Geschichte überboten hat, sprengt nicht nur alle historischen Dimensionen, sondern setzt auch der menschlichen Verstehensfähigkeit überdimensionale Widerstände entgegen. Dies hat Elias Canetti in seinem Aufsatz über Albert Speer zu folgendem Satz geführt:

> „Zu einer wirklichen Erfassung dieses Phänomens (gemeint ist der Nationalsozialismus) sind neue Mittel unerläßlich. Man muß sie gewahren, heranholen und verwenden, wo immer sie sich bieten. Die Methode zu einer solchen Untersuchung kann noch nicht bestehen. Die Strenge der Fachdisziplinen erweist sich hier als Aberglaube. Was ihnen entschlüpft, ist ebendas, worauf es ankommt. Eine unzerteilte Anschauung des Phänomens selbst ist oberste

Voraussetzung. Jede Arroganz des Begriffs, wo immer sonst er sich bewährt haben mag, ist schädlich."[16]

Canetti spricht vom „Phänomen" Nationalsozialismus; für eine solche „unzerteilte Anschauung des Phänomens" lassen sich gute Gründe angeben: vor allem derjenige, daß eine wirkliche Erfassung der Sprache und des Denkens, der Handlungen und Haltungen, die in der nationalsozialistischen Zeit vorherrschend waren, als Ausgangspunkt für übergreifende Erklärungen, für „Theorie" wieder hergestellt werden müssen.

Die charakteristischen Phänomene, wie ich sie im folgenden andeuten möchte, haben etwas mit der Veränderung von Menschen zu tun (weniger mit „Systemen"); sie fragen, ob sich übergreifende gesellschaftliche, politische, ideologische, ökonomische usw. Entwicklungen in der Geschichte des einzelnen, im Subjekt finden lassen. Ein für den Nationalsozialismus besonders kennzeichnendes Phänomen war z. B. das Lager.

Die Einrichtung von *Lagern* zur Ausgrenzung und Konzentration – dies Wort deutet die Richtung an – ist keine Erfindung der Nazis gewesen. Solche Lager gab es vor und nach ihnen; einige bestehen noch heute. Gleichwohl drängt es sich auf, die Lager in der Nazizeit für sich gesondert zu betrachten. Für den Staat der „arischen Herrenrasse" war die organisierte Zusammenfassung von „Staatsfeinden", „Volksschädlingen", „Gemeinschaftsfremden" in großen Unterkünften von Anbeginn an konstitutiv. Die Ausgrenzung von Bürgern – auch die zahlreichen Umsiedlungen, Zwangsevakuierungen und die hierfür eingerichteten Sammellager gehören in diesen Zusammenhang – kennzeichnete die Nazizeit von Anbeginn bis zum Ende.

Was hier nun von Interesse ist: Das Lager ist für die Nazis der Ort der Zerstörung oder der Disintegration der Person.

Von der immer wieder von ehemaligen KZ-Gefangenen beschriebenen[17] demütigenden Empfangszeremonie an, über das Kahlscheren des Kopfes, die Häftlings-„Kleidung", die ausgedehnten Zählappelle, der Laufschritt, der Kommandoton, die Anrede (oft mit der Gefangenen-Nummer, nicht mit dem Namen! Letzterer wurde bereits vorwegnehmend ausgelöscht), die vollständigen Kontrollen auch des privatesten Bereiches – man kann das Nazilager auch als einen Ort ohne Privatheit kennzeichnen – bis hin zu körperlich schlimmen Mißhandlungen und Schikanen, zur Arbeitshetze, zu sadistischem Terror, war hier alles abgestellt auf die Zerstörung der Person. Der Alltag, die „Lebens"-Bedingungen (genauer: die Versuche zu überleben) und der Terror im Lager riefen bei den Gefangenen Lebensangst (neben Todesängsten) hervor; dies war ein starker Hebel, mit dessen Hilfe die Zerstörung der Person bewirkt

16 Canetti (1981) 176

17 Zuerst und besonders eindringlich bei Kogon (1947) 71–79; vgl. auch Pingel (1978)

wurde. Das Lagersystem entfaltete eine überaus starke Wirkung auf das Selbstverständnis und die Identität der Gefangenen (Eugen Kogon, Bruno Bettelheim, H. G. Adler, Luce d'Eramo[18] u.v.a. haben es genauestens beschrieben), die eine Fortsetzung des Lebens wie bisher nach Passieren des Lagertors ausschloß. Bettelheim spricht in diesem Zusammenhang von der „Regression auf infantiles Verhalten" und denkt dabei nicht nur an die Unzahl herabwürdigender Regelungen, an den Duz-Zwang der Gefangenen untereinander, den Verlust des Zeitgefühls, die Unfähigkeit zu dauernden Objektbeziehungen, auch an die weggespülten Schamgefühle, die „kindische" Arbeit und die ambivalente Haltung zur „Welt draußen", zur eigenen Familie und zu Freunden, schließlich zu Tagträumerei – dies alles deutet seiner Meinung nach darauf hin, daß hier Druck in Richtung infantiler Unterwerfung und Abhängigkeit ausging. Man kann diesen Typus von Lagern, wie ich meine, sogar mit den Lagern für den Nachwuchs des Systems in diesem einen Punkt – der Zerstörung der Person – vergleichen.[19]

Th. W. Adorno sprach davon, daß Hitler *ein Kollektiv integriert*[20] habe. Dies sei ihm vor allem deshalb gelungen, weil er kollektive Machtphantasien von vielen erfüllt habe, die „als einzelne ohnmächtig waren und nur als eine solche Kollektivmacht überhaupt sich als etwas dünkten". Eine derartige kollektive Macht bedarf freilich der Ziele und Motive. Hitler war es – in der Sphäre des Politischen – gelungen, die verschiedenen Bilder vom Deutschen als einem wehrfähigen Kämpfer für Freiheit und Gerechtigkeit, als einem Soldaten Deutschlands zusammenzufassen (Versailles half ihm hierbei) und ihm jene aggressive Spitze gegen andere Völker und Menschen im Innern wie im Äußern aufzusetzen, die er für die Härte und Grausamkeit seiner Vernichtungsfeldzüge brauchte. Dieser autoritäre Kern, das Bild vom „deutschen Mann"[21] – und korrespondierend dasjenige der „deutschen Mutter" – und dessen aggressive Aufladung – z. B. durch die SS – scheint mir ein charakteristisches Phänomen des Nationalsozialismus, an dem wir – dies hier am Rande – noch heute arbeiten.

Es gibt weitere Phänomene, die allem Anschein nach zum Wesen des nationalsozialistischen Weltbildes und der von ihm geschaffenen Wirklichkeit gehören. Zunächst der *„Kampf"*, als Lebensprinzip von allem und jedem: nicht nur Hitlers Buch ist dem „Kampf", dem nie endenden, gewidmet, die „Bewegung" kämpft ohne innezuhalten (in ihr stellen die „Alten Kämpfer" eine herausgehobene Truppe dar), wobei hinter diesem unentwegten Kämpfer,

18 Kogan (1947); Bettelheim (1943); d'Eramo (1984) und Adler (1960)

19 Ich führe dies hier nicht näher aus. Vgl. Krause-Vilmar (1984)

20 Adorno (1959) 17

21 Theweleit (1980)

der im wesentlichen in Formationen lebt, doch nur Lebensunfähigkeit, vielleicht auch Lebenshaß steht.

Es überrascht deshalb auch nicht, in welch überdimensionierter Form der *Tod* in der nationalsozialistischen Weltauffassung in Erscheinung tritt. Man denke nicht nur an den Totenkopf der SS, an die Uniformen in der Farbe des Todes (schwarz ist keine Farbe), an die hymnischen Verklärungen des Todes als Schnitter u. ä., sondern an die planmäßige Einrichtung des Lebens zum Tode hin – ein nur schwer nachvollziehbarer Gedanke! „... eins nur weiß ich, das ewig lebt: Der Toten Tatenruhm“[22] – an zwölf-, dreizehn-, vierzehnjährige Mädchen und Jungen gerichtet (und von diesen stets aufs neue nachgesprochen), erscheint unbegreifbar. Untersuchungen von ERICH FROMM über die Nekrophilie Hitlers weisen ebenfalls in diese Richtung.[23]

Unter dem Aspekt des heimlichen Fortwirkens ist vermutlich der Begriff der *Härte* am aufschlußreichsten. Der Junge, der seine Tränen nicht zeigen darf, seine Gefühle wegschieben muß, Kälte in sich herzustellen lernt und zur Vernichtung seines und anderen Lebens konditioniert wird, ist das Bildungsideal Hitlers und seiner Leute gewesen. Die Grenze zwischen den natürlichen körperlichen Spiel- und Bewegungsantrieben der Jugendlichen (Gruppe, körperliche Grenzleistung, Lager- und Naturerfahrung usw.) und der inneren Herstellung des „Raubtiers“ wurde von den Nazis zielgerichtet durchstoßen.

Als entscheidendes Charakteristikum der nationalsozialistischen Weltauffassung ist jedoch meines Erachtens der Grundsatz anzusehen, daß die Schwachen, Kranken, Beschädigten und Hilflosen nicht als Menschen im vollen Wort- und Rechtssinne angesehen wurden.

In der Sicht der Nazis verdienen sie nichts anderes, als unterzugehen und „ausgemerzt“ zu werden. Diese Lebensphilosophie, die freilich historische Wurzeln hat, die in weit frühere Jahrzehnte zurückreichen, steht schroff konträr zur jüdisch-christlichen Tradition, nach der jeder Mensch – als Abbild und Widerschein Gottes – zunächst durch seine Teilnahme an der gemeinsamen menschlichen Würde ausgezeichnet ist – unabhängig von seinem gesellschaftlichen Rang und seiner individuellen Verfassung. Nach christlicher Auffassung fordert gerade der Schwache die Zuwendung seiner Mitmenschen in besonderer Weise heraus. Von all dem ist in der nationalsozialistischen Lebensauffassung nichts enthalten. Das vermeintliche Naturgesetz vom Sich-Durchsetzen des Stärkeren fordert zu Härte, Kampf und Vernichtung auf. Rassismus, Rüstungs- und Eroberungswahn schließen sich hier nahtlos an. „Das Gemeinwohl der Gesunden gestattet in keiner irgendwie gearteten Form,

22 „Besitz stirbt/Sippen sterben/Du selbst stirbst wie sie/Eins nur weiß ich/das ewig lebt: Der Toten Tatenruhm“ – so lautete einer der „Schwertsprüche“ der Hitlerjugend.

23 FROMM (1977) 415 ff.

Rücksicht auf die Kranken oder auch nur in irgendeiner Weise Schwachen zu nehmen."[24]

Die Benennung dieser für den Nationalsozialismus charakteristischen Phänomene macht deutlich, wie mühsam wir uns an das Problem herantasten müssen, wie schwer unsere Ausgangsfrage zu beantworten ist. Daß wir im Grunde nichts wissen, was die Erklärung des Nationalsozialismus im grundsätzlichen betrifft, müssen wir erst einmal eingestehen. Dies hat Konsequenzen für die im weiteren zu besprechenden Bildungsfragen, für die Frage, wie wir heute mit dieser Zeit umgehen können und sollen.

III.

Die noch schwieriger zu beantwortende Hauptfrage im Umgang mit der NS-Zeit lautet wohl:

Wie ist es möglich gewesen, daß soviele Menschen, die aus humanen Traditionen kamen, die Verbrechen geschehen lassen konnten oder gar selbst an ihnen mitwirkten?[25]

Wir sollten dabei nicht auf die exzeptionellen Gestalten, auf die weitgehend entfremdeten Täter sehen; solche hatten im Nationalsozialismus staatlich-parteiliche Protektion, sie waren „gesucht". Sie hatten ihre Biographie; es gab sie vor 1933 und es gibt sie heute.

Aufschlußreicher ist es, den Blick auf den „normalen" Menschen und seine Verwandlung zum Fanatiker, Mörder, Gehilfen oder Kollaborateur zu lenken. Wie wird aus einem christlich erzogenen jungen Mann mit guter Bildung ein Mörder? Wie wird aus dem Sohn eines humanistisch gebildeten Bürgers und Münchner Oberstudiendirektors der oberste Terrorist des Regimes? Heinrich Himmler wird doch etwas von humaner Bildung in Kindheit und Jugend

24 Kloppe (1934) zit. nach Ueberhorst (1980) 81

25 Mehr am Rande möchte ich darauf hinweisen, daß dies eine Frage für Menschen aller Länder, nicht nur für uns Deutsche ist. Die Nazizeit stellt einen besonders schweren Fall von Massenverbrechen, von Genocid (Völkermord) in der Geschichte vor und nach 1945 dar; sie ist sozusagen ein Tiefpunkt menschlicher Barbarei. Dies ist nicht um einer möglichen Entlastung willen gesagt. Im Gegenteil: der besonders „schwere" Fall erlegt uns besondere Anstrengungen auf, damit fertig zu werden. Vor diesem Hintergrund habe ich die Infragestellung der Einzigartigkeit der Nazi-Verbrechen durch Ernst Nolte nicht verstanden. Sie bewegt sich auf Nebenschauplätzen und vernebelt mehr als daß sie für Klärung sorgte. Wo liegt denn der Sinn der Erörterung eines möglichen Unterschieds zwischen den Verbrechen anderer und denen unseres Volkes, wenn die Bearbeitung dieser Verbrechen uns – und daran zweifelt keiner – historisch aufgegeben ist?

erfahren haben.[26] HEINAR KIPPHARDT nannte sein Stück „Bruder Eichmann“[27] und brachte damit zum Ausdruck, daß Adolf Eichmann nicht so weit von uns entfernt ist, wie wir das um unserer selbst willen gerne wünschen. Die Kipphardtsche Provokation sehe ich darin, daß Eichmann bei aller Organisationswut, bei allem wahnhaften Ordnungsverhalten und blindem Gehorsam, bei seinem Karrieredenken und seiner Führerhörigkeit doch zugleich auch manche positiven Züge aufwies. Gradlinigkeit (er blieb bei seinen Prinzipien), Courage, in gewisser Weise auch Verantwortungsbewußtsein für Frau und Familie, kurz: er war kein exterritoriales Wesen, sondern einer von uns, Nachbar... Hinsichtlich dieses Täters, der, sozusagen aus mehr oder weniger behütetem oder gebildetem Elternhause kommend, zum Verbrecher wird, ist vieles noch unerforscht. In den letzten Jahren ist immerhin doch insoweit eine Klärung eingetreten, daß man die Kluft zwischen einem heroisierten Widerstand einerseits und einem ins Monströse verzerrten Terrorismus andererseits als Irrweg erkannte:

> „Wenn die Wirklichkeit des Dritten Reiches sich nicht mehr so einfach polarisiert zwischen nazistischem Terrorismus und heroischem Widerstand, vielmehr das vorherrschende Bild eher die Zwischenlagen waren, dann bedeutet dies, daß die NS-Zeit mit einer politisch-moralischen Sensibilität beurteilt werden muß, die um die Tatsache weiß, wie dünn der Firnis der Humanität in unserer Zivilisation ist und wie groß die Gefahr, in Barbarei zu verfallen, wie dicht also Humanität und Barbarei nebeneinander liegen.“[28]

Ähnlich formulierte M. BROSZAT:

> „Die Monumentalisierung des Widerstandes korrespondierte häufig mit einem ebenfalls monumentalisierten Bild des nationalsozialistischen Superstaates, mit der Vorstellung einer unausweichlichen totalen Herrschaft und Kontrolle, der gegenüber nur ein alles aufopfernder Märtyrerwiderstand möglich gewesen sei. Hier hatte die Verklitterung der historischen Authentizität auch pädagogisch problematische Konsequenzen; statt kritischer Aneignung der NS-Vergangenheit als einer doch immerhin verstehbaren und nachvollziehbaren Geschichte förderte sie die Rigorosität vorschneller Verurteilung.“[29]

Das System des Nationalsozialismus, besonders jedoch die durch ihn veranlaßten Untaten hätten vermutlich keine Chance der Durchsetzung gehabt, hätten sich nicht so viele Menschen eingefunden, die in irgendeiner Form mitgemacht haben. Anders als die Täter, die sich zu Verbrechen hergaben, und deren

26 ANDERSCH (1980)
27 KIPPHARDT (1983)
28 FAULENBACH (1987) 29
29 BROSZAT (1986)

Straftatbestand juristisch klar feststellbar ist, bleibt dieses weite Netz der Mitwisser und Mitwirkenden vage, die Grenzen verschwimmen, vieles ist nie aktenkundig geworden. Moralisch jedoch ist eine Denunziation, die jemand unschuldig der Gestapo ausgeliefert hat, in meinen Augen nicht anders zu beurteilen als die sich an die Denunziation anschließende Tat selbst. ROLF HOCHHUTH hat in seinem Roman „Eine Liebe in Deutschland" eine solche Denunziation zum Thema gemacht.[30]

Am Beispiel der Breitenau-Akten in der Kriegszeit – als man in Breitenau ein Straflager der Gestapo-Stelle Kassel eingerichtet hatte, um vor allem ausländische Zwangsarbeiter zu terrorisieren – haben wir einmal versucht, die Personen zu ermitteln, die bei der Einweisung eines Schutzhaftgefangenen in ein Konzentrationslager mitgewirkt haben bzw. diejenigen, die davon Kenntnis gehabt haben. Bei vorsichtiger Schätzung kamen wir in diesem regionalen Beispiel auf 31 Personen, darunter sechs Beamte bzw. Angestellte auf dem Landratsamt, fünf Beamte und Angestellte im Regierungspräsidium, aber auch der Vertragsarzt des Lagers, der Ortsgendarm, der Bahnhofsvorsteher, die Kanzleiangestellten im Bürgermeisteramt wußten, wo „der Transport" hinging. Wenn nun aber in der hiesigen Region ungefähr dreißig Amtsinhaber, Angestellte, Sachbearbeiter und Telefonisten erforderlich waren, um einen Gefangenen nach den Regeln bürokratischer Verwaltung in ein KZ zu bringen, dann ist nicht anzunehmen, daß diese Vorgänge ganz geheim geblieben sind. Zu ähnlichen Ergebnissen ist auch H.-H. WILHELM gekommen.[31] Auch für diese große „schweigende Mehrheit" – von der manchmal in der Lebensgeschichte älterer Menschen, die selbstkritisch mit sich umzugehen versuchen, etwas aufleuchtet, wenn sie von eigenen Versäumnissen in der Nazizeit sprechen – gilt meines Erachtens, daß die Grenze zwischen moralischem und unmenschlichem Verhalten sehr dünn war: Vielfach war nicht einmal aktives Tun erforderlich, um eine Untat mitzutragen; man brauchte nur im entscheidenden Augenblick wegzusehen . . .

Der durchaus „normale" Mensch ist hier zum Ausgangspunkt der Vorstellung zu nehmen,

- der sich in die Untaten des Systems verstrickt, aus denen er sich aus eigener Kraft nicht mehr befreien kann,
- der von Karrieredenken und Opportunismus beherrscht ist und von daher sich manch höherem Befehl mitmachend gefügt hat (und auch künftig fügen wird?).
- Das Problem ist eine bürokratische Berufs-, Lebens- und Weltauffassung, die vor und über Menschen geht.

30 HOCHHUTH (1978)

31 WILHELM (1980). In: BENZ (Hg.) (1980)

Abb. Nr. 6

ZUM GEDENKEN
AN DIE BEDROHTEN, VERFOLGTEN
UND ERMORDETEN MENSCHEN IM
KONZENTRATIONS- UND ARBEITSLAGER
BREITENAU 1933 - 1945
LANDESWOHLFAHRTSVERBAND HESSEN 1983

Abb. Nr. 7

– Fragwürdig wird uns der Fachidiot, der Kopflanger, der den Herrschenden gewissenlos und eilfertig zur Hand geht (ganze Wissenschaftszweige haben sich in der NS-Zeit aufgegeben).

Zusammenfassend: Der autoritäre Mensch, der nicht sich selbst steuert, nicht seinem Gewissen folgt, nicht couragiert andere, die in Not sind, verteidigt und ihnen aufhilft, der abhängige Mensch – oder etwas radikaler zugespitzt: die entfremdete Seite in jedem von uns – ist das Thema, über das wir sprechen.

IV.

Es gibt überzeugende Erklärungen – die allerdings nicht beruhigend sind – für die Tatsache des langen Schweigens und Verdrängens in der Nachkriegszeit. Wer darüber sprach, bildete die Ausnahme. TH. W. ADORNO und A. und M. MITSCHERLICH haben die entscheidenden Thesen hierzu erarbeitet.[32]

Es ist eine unbestreitbare Tatsache, daß die Bundesrepublik erst Ende der sechziger Jahre von der Geschichte des Dritten Reiches mit Macht eingeholt worden ist. Vorher hatte man – wie wir heute feststellen: vergeblich – versucht, dieses Kapitel der jüngsten Geschichte zu schließen. Mehrfach war Anfang der 60er Jahre sogar schon das „Ende der Nachkriegszeit" verkündet worden. Auch waren an vielen Orten die letzten historischen Überbleibsel, die an diese Zeit erinnerten, „aufgeräumt" oder genauer: „abgeräumt" worden. Zahlreiche Projekte im Rahmen der Geschichtswerkstätten sind gerade deshalb als Spurensicherungs-Projekte entstanden, da die verwehten und verwischten Spuren vergangener Zeiten zuallererst wieder aufgefunden und festgehalten werden mußten. Damit war eine neue Dimension der Bearbeitung der Nazizeit angebahnt, vielleicht erst jetzt die Voraussetzung einer wirklichen „Aufarbeitung" gegeben. Die entscheidenden Kategorien, die durch diese lokalen Spurensicherungsprojekte ins Bewußtsein traten, waren Subjektivität und Lokalität.[33] Subjektivität, weil bei dieser historischen Spurensuche die Menschen, die den Faschismus selbst erfahren mußten, die unter ihm gelitten haben, – nicht selten zum ersten Male seit dieser Zeit – nach ihrer Lebensgeschichte gefragt wurden. Darin kam auch der Versuch einer Ehrung zum Ausdruck. Geschichte kehrte sozusagen von den großen Haupt- und Staatsaktionen zurück zum „kleinen Mann" und begann, ihn ernsthaft zur Kenntnis zu nehmen. Die Verfolgten und Bedrohten von damals werden eingeladen, an der Geschichtsarbeit mitzuwirken. Lokalität, weil erst mit dem Herabsteigen in die Keller, Winkel und Gassen – und dort spielte für Millionen Menschen die

32 ADORNO (1959); MITSCHERLICH (1967)

33 KRAUSE-VILMAR (1982). In: GARLICHS/MESSNER (Hg.)

Geschichte sich ab – die Zeit durch die Nähe bearbeitbar wurde. Selbst gegenüber dem Inferno des Verbrechens in Auschwitz oder Majdanek gab es noch abwehrende Fluchtmuster des Nicht-dabei-gewesen-seins oder des Davon-nichts-gehört-habens. Für die im eignen Dorf zur Autogarage „umfunktionierte" Synagoge aber gab es keine Entschuldigung.

Der Ertrag dieser zahlreichen lokalen und regionalen Projekte historischer Spurensicherung ist noch gar nicht absehbar; Anfang der 80er Jahre hatten diese Projekte den Charakter einer „Bewegung" angenommen. Es unterliegt meines Wissens keinem Zweifel, daß diese Projekte von jungen Leuten hinsichtlich einer historisch-moralischen Bildung „vor Ort" viel erreicht haben. Andererseits wurden und werden diese Projekte nicht selten scharf kritisiert und auch angegriffen; oft stoßen sie auf Schwierigkeiten informativer und materieller Art. Bei den Kritikern dieser Projekte „vor Ort" tritt ein Einwand fast regelmäßig wiederkehrend auf. Es wird gefragt (mehr oder weniger höflich), ob man nicht endlich mit dem Thema „Nazizeit" Schluß machen wolle. Vielfach wird dabei unterstellt, daß man doch in der Vergangenheit genug darüber geredet habe. Unverständlich ist es mir, wenn bestimmte politisch Verantwortliche in nahezu regelmäßigen Abständen ein kollektives Erinnerungsverbot aussprechen. Die Vorstellung, man könne aus dem Schatten Hitlers heraustreten, ist unwirklich und unhistorisch.

> „Die Vergangenheit ist nicht tot; sie ist nicht einmal vergangen. Wir trennen sie von uns ab und stellen uns fremd."[34]

Eine Flucht aus der Verantwortung verschiebt das Problem statt es anzugehen. Ein bayrischer Landtagsabgeordneter z. B. begründete die Ablehnung des Staates an der Beteiligung bei den Kosten für Mahnmale und Gedenkstätten mit dem Satz: „Sowohl die Gemeinde als auch der einzelne Bürger standen diesem Geschehen ohnmächtig gegenüber."[35]

V.

Was bleibt künftig zu tun?

Wir sollten die Schwierigkeiten des Begreifens und Bearbeitens der NS-Zeit nicht erleichtern, sondern sie gerade deutlich machen. Jede Vereinfachung – und sei sie mit den besten Absichten verbunden – ist hier fehl am Platze. Es verbieten sich meines Erachtens auch politische „Nutzanwendungen" – womöglich parteipolitischer Provenienz (von daher ist jeder Versuch einer Hierarchisierung der Opfer unwürdig). Die Bearbeitung der Nazizeit

34 Wolf (1979)
35 Süddeutsche Zeitung vom 13. 6. 1986

erfordert einen größeren Horizont als sie – im Regelfall – politische Parteien zulassen.

Zweitens sollten wir uns vor jeder Art didaktischer Organisierung des Geschehens hüten. Die didaktische Organisation ist verführerisch, weil sie suggeriert, daß man einen komplizierten Vorgang verfügbar hat. Tatsächlich wird sie jedoch selten der Komplexität des Problems gerecht, vielfach operiert sie mit Scheinlösungen.

Wichtig erscheint uns auch der Verzicht, den Jugendlichen belehren zu wollen. Besser ist es, wenn wir den Jugendlichen als selbständigen Menschen ernst nehmen, d. h., wir stellen ihm historisch überprüfte, wissenschaftlich gesicherte Unterlagen zur Verfügung, auf daß er sich sein Urteil selbst bilde! Der Weg des Jugendlichen zu seinem eignen Urteil sollte nicht durch unsere Urteile verbaut oder verstellt werden, mögen diese Urteile naheliegend, historisch berechtigt und moralisch begründet sein.

Wichtig ist es daher, daß die Jugendlichen, sofern dies örtlich und zeitlich einzurichten ist, mit den historischen Quellen selbst arbeiten, zumindest in die historischen Akten Einblick nehmen. Auch selbst von Jugendlichen vorbereitete und durchgeführte Gespräche mit historischen Zeitzeugen sind vielfach aufschlußreicher als die Lektüre eines unterrichtlichen Lehrbuchs.

Verzichten sollten wir auch darauf, den sehr verbreiteten Sensationsbedürfnissen vieler Jugendlicher entgegenzukommen. Die Vorstellung z. B., daß eine Gedenkstätte dadurch besonders nachhaltig wirke, daß potenzierte Grausamkeit dort nachgestellt würde, (selbst wenn diese am Ort nicht nachweisbar ist – noch schlimmer), halten wir für grundfalsch. Der Blick auf die Gaskammer heute, Jahre nach dem Geschehen, ist noch immer schwer auszuhalten und doch unwirklich. Im Unterschied zu diesem unfaßbaren Geschehen sind z. B. die Wege, die dorthin führten, vorstellbar und nachvollziehbar. Zu dem Gedanken der eignen Urteilsbildung der Jugendlichen selbst gehört – bezogen auf Gedenkstätten – die Bereitschaft, Bearbeitungen der Besucher aufzunehmen. Ein Bild, ein Gedicht, ein Foto zeigen, daß die Gedenkstätte als etwas Nicht-Abgeschlossenes aufgefaßt wird. Es ist kein Museum im alten Sinne – als Ort, wo vergangene Dinge verwahrt werden –, sondern ein Ort lebendiger Bearbeitung der Vergangenheit, Gegenwart und Zukunft. Ein solcher Ort darf nicht abgeschlossen sein.

Das wichtigste jedoch ist unseres Erachtens, daß man das gemeinsame Gespräch über Fragen dieser Zeit und des Umgangs mit ihr anbietet und lebendig hält. Wenn etwas in diesem Zusammenhang befreiend wirken kann, dann ist es eine Verständigung unter mehreren Menschen, eben ein gemeinsames Gespräch, in dem – auch wenn es schwer fällt – alles gesagt und gefragt werden kann.

Literatur

Adler, H. G. (1960) Theresienstadt 1941–1945. Das Antlitz einer Zwangsgemeinschaft. 2. verb. u. erg. Auflage. Tübingen

Adorno, Th. W. (1959) Was bedeutet: Aufarbeitung der Vergangenheit? Bericht über die Erzieherkonferenz am 6. und 7. November 1959 in Wiesbaden. Frankfurt/M.

Andersch, A. (1980) Der Vater eines Mörders. Eine Schulgeschichte. Zürich

Bettelheim, B. (1943) Individuelles und Massenverhalten in Extremsituationen, zitiert nach: Ders. (1982) Erziehung zum Überleben. München

Bracher, K.-D./Schulz, W./Sauer, G. (1960) Die nationalsozialistische Machtergreifung. Frankfurt-Berlin-Wien

Broszat, M. (1986) Widerstand. Der Bedeutungswandel eines Begriffs der Zeitgeschichte. In: Süddeutsche Zeitung Nr. 268 vom 22./23. 11. 1986

Broszat, M./Fröhlich, E. u. a. (Hg.) (1977–1983) Bayern in der NS-Zeit. 6 Bände. München und Wien

Bundeszentrale für politische Bildung (Hg.) (1987) Gedenkstätten für die Opfer des Nationalsozialismus. Eine Dokumentation (= Schriftenreihe der Bundeszentrale für politische Bildung, Band 245). Bonn

Canetti, E. (1981) Das Gewissen der Worte. Essays. Frankfurt/M.

D'Eramo, L. (1984) Der Umweg. Roman. Reinbek b. Hamburg

Deutschland-Bericht der Sopade (1934 ff./Nachdruck 1980) 9 Bände. Frankfurt

Die Grünen u. a. (Hg.) (1984) Hessen hinter Stacheldraht. Verdrängt und vergessen: KZs, Lager, Außenkommandos. Frankfurt/M.

Engelke, R./Steffens, H. (1983) Nationalsozialismus in Hessen. Eine Bibliographie der Literatur nach 1945. Wiesbaden

Faulenbach, B. (1987) NS-Interpretation und Zeitklima. In: Politik und Zeitgeschichte. Beilage zur Wochenzeitung „Das Parlament" Nr. 22 vom 30. 5. 1987. 29

Forschungsarbeiten (1988) der Interdisziplinären Arbeitsgruppe zur Erforschung des Nationalsozialismus in Hessen. In: Mitteilungen des Vereins für Hessische Geschichte und Landeskunde N.F. Nr. 16 (1988). 5–15

Fromm, E. (1977) Anatomie der menschlichen Destruktivität. Hamburg

Galinksi, D./Schmidt, W. (Hg.) (1985) Ergebnisse und Anregungen aus dem Schülerwettbewerb Deutsche Geschichte um den Preis des Bundespräsidenten 1982/83. Hamburg

Graml, H./Henke, K.-D. (Hg.) (1987) Nach Hitler. Der schwierige Umgang mit unserer Geschichte. Beiträge von Martin Broszat. München

HEER, H./ULLRICH, V. (Hg.) (1985) Geschichte entdecken. Erfahrungen und Projekte der neuen Geschichtsbewegung (= Kulturen und Ideen). Reinbek b. Hamburg

HOCHHUTH, M. (1985) Schulzeit auf dem Lande. Gespräche und Untersuchungen über die Jahre 1933–1945 in Wattenbach (= Nationalsozialismus in Nordhessen, Heft 7). Kassel

HOCHHUTH, R. (1978) Eine Liebe in Deutschland. Roman. Reinbek b. Hamburg

KAMMLER, J./KRAUSE-VILMAR, D. u.a. (Hg.) (1984, 1987) Volksgemeinschaft und Volksfeinde. Kassel 1933–1945. 2 Bände. Kassel

KIPPHARDT, H. (1983) Bruder Eichmann. Schauspiel. Reinbek b. Hamburg

KLEIN, T. (Hg.) (1985) Der Regierungsbezirk Kassel 1933–1936. Die Berichte des Regierungspräsidenten und der Landräte. 2 Teile. Darmstadt und Marburg

KLEIN, T. (Hg.) (1986) Die Lageberichte der Geheimen Staatspolizei über die Provinz Hessen-Nassau 1933–1936. 2 Teilbände. Köln-Wien

KLOPPE, F. (1934) Nationalpolitische Erziehungsanstalten. Zitiert nach: Ueberhorst, H. (1980) Elite für die Diktatur. Königstein

KÖNIG, W./SCHNEIDER, U. (1985) Sprengstoff aus Hirschhagen. Vergangenheit und Gegenwart einer Munitionsfabrik (= Nationalsozialismus in Nordhessen. Heft 8). Kassel

KOGON, E. (1947) Der SS-Staat. Das System der deutschen Konzentrationslager. 2. Aufl. Berlin

KRAUSE-VILMAR, D. (1982) Das zeitgenössische Wissen um die NS-Konzentrationslager, an einem Beispiel aus dem Regierungsbezirk Kassel. In: Garlichs, A./Messner, R. u. a. (Hg.) (1982) Unterrichtet wird auch morgen noch. Königstein. 133 ff.

KRAUSE-VILMAR, D. (1984) Das Lager als Lebensform des Nationalsozialismus. Anmerkungen und Fragen. In: Pädagogische Rundschau 38 (1984). 29–38

KRAUSE-VILMAR, D. (1987) Zum Umgang mit dem Nationalsozialismus an den Orten des Schreckens. In: Neue Sammlung 27 (1987). 356–363

KRAUSE-VILMAR, D. (1988) Die Schriftenreihe „Nationalsozialismus in Nordhessen“. In: Mitteilungen des Vereins für Hess. Geschichte und Landeskunde N.F. Nr. 16. 15 19

LÜDTKE, A. (1986), „Alltagsgeschichte“: Verführung oder Chance? Zur Erforschung der Praxis historischer Subjekte. In: Geschichtsverein Göttingen und Umgebung e. V. (Hg.) (1986) Göttinger Jahrbuch 1986. 183–200

MASON, T. (1975) Arbeiterklasse und Volksgemeinschaft. Opladen

MITSCHERLICH, A. u. M. (1967) Die Unfähigkeit zu trauern – womit zusammenhängt: eine deutsche Art zu lieben. In: Dies. (1967) Die

Unfähigkeit zu trauern. Grundlagen kollektiven Vergessens. München. 13–85

Niethammer, L. (Hg.) (1983) „Die Jahre weiß man nicht, wo man die heute hinsetzen soll." Faschismuserfahrungen im Ruhrgebiet. Berlin und Bonn

Pingel, F. (1978) Häftlinge unter SS-Herrschaft. Widerstand, Selbstbehauptung und Vernichtung im Konzentrationslager. Hamburg

Rebentisch, D./Raab, A. (1978) Neu-Isenburg zwischen Anpassung und Widerstand. Dokumente über Lebensbedingungen und politisches Verhalten 1933–1945. Neu-Isenburg

Theweleit, K. (1980) Männerphantasien. 2 Teile. Hamburg

Vaupel, D. (1984) Das Außenkommando Hessisch Lichtenau des Konzentrationslagers Buchenwald 1944/45. Eine Dokumentation (= Nationalsozialismus in Nordhessen. Heft 3). Kassel

Wilhelm, H.-H. (1980) Wie geheim war die „Endlösung"? In: Benz, W. (1980) Fschr. f. Helmut Krausnick zum 75. Geburtstag. Stuttgart

Wolf, Ch. (1979) Kindheitsmuster. Darmstadt und Neuwied

Zang, G. (1985) Die unaufhaltsame Annäherung an das Einzelne. Reflexionen über den theoretischen und praktischen Nutzen der Regional- und Alltagsgeschichte. Konstanz

HORST DICKEL / MATTHIAS HAMANN

Auswirkungen der NS-Psychiatrie auf Einrichtungen im Gebiet des ehemaligen Bezirkskommunalverbandes Wiesbaden

Der Bezirkskommunalverband Wiesbaden der Provinz Hessen-Nassau spielte insgesamt eine wichtige Vorreiter-Rolle im Prozeß des „Krieges gegen die Minderwertigen“. Die Vorgänge in den bezirkseigenen bzw. in den von dessen Spitze kontrollierten Anstalten Hadamar, Eichberg, Kalmenhof/Idstein sind mittlerweile dank einiger Spezialstudien weitgehend erforscht[1]; vergleichbare Studien fehlen noch zu den Anstalten Herborn, Weilmünster und Scheuern bzw. zur Rolle der Verwaltungsspitze des Bezirksverbandes.

Die folgende Überblicksdarstellung konzentriert sich zunächst auf den Eichberg.[2] Das „System Eichberg“ reichte über die juristisch fixierbaren Täter hinaus; es bezog die Anstalt als Ganzes ein und war darüber hinaus in die gesamte gesellschaftliche und politische Infrastruktur des Rheingaus und der näheren Umgebung einbezogen. Dies soll an den beiden wichtigsten Instrumenten der faschistischen Selektionspolitik, den Sterilisationen und der „Euthanasie“, verdeutlicht werden.

Anschließend werden die bisher bekannt gewordenen Tatsachen zur Geschichte der Landesheilanstalt Hadamar dargestellt. Es wird versucht, die Ereignisse dort auf die Planungs- und Verwaltungsebene des Anstaltswesens bzw. der späteren „Euthanasie“-Bürokratie zu beziehen.

„System Eichberg“
Zwangssterilisationen im Rheingau

Den Sterilisationsinstanzen boten sich im Rheingau dank der Konzentration von Anstalten für geistig und psychisch „Behinderte“ (Eichberg, die konfessionellen Anstalten Vinzenzstift, Valentinushaus, Knabenstift Marienhausen)

1 Dickel (1988); Hamann (1985, 1989); Henkel/Roer (1986); Kneuker/Steglich (1985); Sick (1983)

2 Alle weiteren Angaben stützen sich auf die in der Literaturübersicht verzeichnete Darstellung Dickel (1988)

besonders günstige Erfassungsbedingungen. Diese Besonderheit erklärt die, verglichen mit dem Reichsdurchschnitt, hohe Zahl der Sterilisationsopfer (insgesamt 402 von 1934 bis 1945) sowie die eher untypische Verteilung der Opfer auf die einzelnen „Krankheits"-Gruppen (hoher Anteil der „Schizophrenen", unterproportionaler Anteil der „angeboren Schwachsinnigen"). Der Instanzenweg sah in schematischer Vereinfachung folgendermaßen aus:

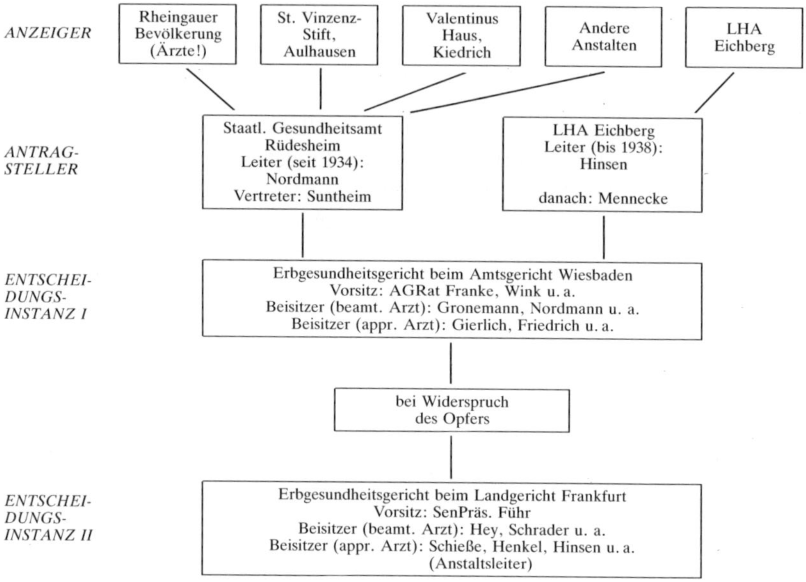

Sterilisiert wurden die Opfer entweder auf dem Eichberg (dort war seit 1935 eine Operationsabteilung eingerichtet) oder (zum größten Teil) in den Städtischen Kliniken Wiesbaden. Neben der Zwangssterilisation bildeten Eheverbote und Kastrationen zwei weitere Instrumente der im Rheingau praktizierten NS-„Gesundheitspolitik" (Eheverbote: sieben Fälle; Kastrationen: drei Fälle).

Die Sterilisation im Rheingau beruhte ungeachtet aller rassehygienischen Propaganda (nachlesbar im „Nassauer Volksblatt") auf einer Sozialdiagnostik, d.h. trotz aller von Seiten des Rüdesheimer Gesundheitsamtes und des Eichbergs betriebenen erbbiologischen Erfassung der angeblich „Minderwertigen" (Sippentafeln!) mußte letzten Endes die soziale Position und das gesellschaftliche Verhalten der Opfer als Evidenz ihres „negtiven Erbstroms" herhalten. So dominierte unter den männlichen Rheingauer Opfern der Typ des ungelernten Arbeiters (Weinbergsarbeiter!) oder des „Arbeitslosen", bei den Frauen der Typ der Hilfsarbeiterin (unverheiratet). Neben der sozialen gab es auch eine geschlechtsspezifische Diagnostik. So waren frühe Sexualität oder „Herumtreiben“ mit Männern frauentypische Delikte, daneben aber auch die Unfähigkeit zu „selbständiger“ Arbeit bei unverheirateten Frauen; bei den verheirateten Frauen galt „Vernachlässigung“ der Familie als wichtigstes Sterilisationskriterium. Dieses Fazit bestätigt im wesentlichen die Ergebnisse der neueren, umfangreichen Sterilisations-Studie von Gisela Bock.[3]

Eine strategische Position innerhalb der Rheingauer Sterilisationsverfahren nahmen der Leiter des Gesundheitsamtes Rüdesheim, Wilhelm Nordmann, und der Direktor des Eichbergs, Wilhelm Hinsen (bzw. ab 1. 1. 1938 sein Nachfolger Friedrich Mennecke), ein. Sie stellten die Anträge, sie waren überdies in richterlicher Funktion tätig (Wilhelm Nordmann im Erbgesundheitsgericht Wiesbaden, Wilhelm Hinsen im Erbgesundheitsobergericht Frankfurt). Ihr Beispiel dokumentiert, wie verbreitet die Zustimmung zu den medizinischen Gewaltmaßnahmen gerade unter Ärzten war. Beide, überzeugte Christen und dem Nationalsozialismus in kritischer Distanz bis offenem „Widerstand“ (im Falle Wilhelm Nordmanns) gegenüberstehend, befürworteten die NS-Sterilisation, die sie nur als konsequente Erfüllung der bereits im Kaiserreich und in der Republik diskutierten Sterilisationsmaßnahmen gegen gesellschaftliche Randschichten verstanden. Sie verkannten damit den inneren Zusammenhang der Sterilisationsmaßnahmen mit den späteren Anstaltsmorden, die sie ablehnten.

„Euthanasie“

Die Landesheilanstalt Eichberg wurde während des Krieges zu einem regionalen Zentrum der massenhaften Vernichtung „lebensunwerter“ Menschen:

1. Die allgemeine Reorganisierung des Anstaltswesens (besonders in den Jahren 1937 bis 1939) diente dem doppelten Zweck, die gesellschaftlichen Kosten der Anstaltspflege radikal zu beschneiden und zugleich die staatlichen Zugriffsmöglichkeiten auf die potentiellen Opfer der grundsätzlich bereits geplanten Vernichtungspolitik strukturell zu sichern. Für den Rheingau bedeutete dies:
   - Auflösung der konfessionellen Anstalten (Valentinushaus, Vinzenzstift, Marienhausen),
   - Konzentration der Patienten auf dem Eichberg, mit der Folge einer gravierenden Überbelegung (1936: 890, 1939: fast 1200),
   - extreme Verschlechterung der Lebensbedingungen der Eichberger Kranken,
   - gezielte Personalpolitik (1. 1. 1938 Friedrich Mennecke Eichberg-Direktor, Rücktritt Wilhelm Hinsens, Berufung weiterer NS-Ärzte).

3 Bock (1986)

Die Entscheidung, in welcher konkreten Form der Eichberg in die Mordpolitik einbezogen werden würde, fiel im Sommer 1940.

2. Von Januar bis August 1941 fungierte der Eichberg als „Zwischenanstalt“ im Rahmen des Massenmordes an den Insassen der Pflegeanstalten, „T 4“-Aktion genannt. In dieser Zeit wurden 784 Eichberger Stammpatienten und 2268 Menschen aus anderen „Zulieferanstalten“ nach Hadamar in den Vergasungstod geschickt.
   Das gleiche Schicksal erlitten in einer separaten Aktion 19 jüdische Eichberger Patienten nach ihrem Abtransport am 7. 2. 1941 (entweder nach Hadamar oder in die „Sammelanstalt“ Heppenheim).
3. Zur gleichen Zeit begannen die Tötungen auf dem Eichberg selbst. Die ersten Opfer waren Kinder. In einem pseudo-wissenschaftlichen Selektions- und Therapieverfahren wurden zwischen April 1941 (Einrichtung der „Kinderfachabteilung“ unter Leitung von Walter Schmidt) und dem Kriegsende um 400 Kinder getötet, zum Teil (seit Dezember 1942) in arbeitsteiliger Kooperation mit der Forschungsabteilung der Universitäts-Nervenklinik Heidelberg, die – quasi auf Bestellung – die Gehirne getöteter Eichberger Kinder zur „wissenschaftlichen“ Auswertung erhielt (insgesamt 100 in 2 ½ Jahren).
4. Das Ende von „T 4“ bedeutete nicht das Ende der Tötungen, sondern nur eine Änderung der Methodik. Die Phase zwischen September 1941 und Mitte des Jahres 1942 (militärisch: dem Ende der „Blitzkriegs“-Hoffnungen) war auf dem Eichberg einerseits bestimmt durch einen moderaten „Modernisierungsschub“ (schocktherapeutische Fortbildung von Friedrich Mennecke und Walter Schmidt, Organisierung der Zusammenarbeit mit der Uni Heidelberg, Einrichtung einer Therapiestation), andererseits durch die Tötungen von Patienten, die ursprünglich für Hadamar vorgesehen und nach dem August 1941 auf dem Eichberg „hängengeblieben“ waren, ferner den Beginn umfangreicher Verlegungsaktionen aus luftkriegsgefährdeten Gebieten des Reiches auf den Eichberg. Ihren Höhepunkt erreichten letztere seit dem Jahr 1943, dem Jahr der angeblichen „Kriegswende“. „Aktion Brandt“ nannten die Nazis den zu Unrecht als „Planung“ bezeichneten Versuch, psychiatrische Anstalten des Reiches von ihren Insassen zu räumen und sie zusammen mit vielen Opfern des Bombenkrieges in wenigen anderen Anstalten, u. a. dem Eichberg, zu konzentrieren. Die Anstalt verlor endgültig den Charakter einer „Heilanstalt“. Sie wurde zu einem Asyl für alle „gemeinschaftsunnützen“ bis „gemeinschaftsschädlichen“ Personen aus der näheren Umgebung im Zeichen der „Totalisierung“ des Krieges: Bewohner von Altenheimen, minderjährige Fürsorgezöglinge, zur Sicherungsverwahrung eingewiesene Straftäter nach § 42b StGB, psychisch und physisch (Tbc!) ausgebeutete „Ostarbeiter(-innen)“ oder einfach

Personen, die z. B. den Hausfrieden störten oder die Verdunkelungsvorschriften mißachteten. Einweisungsinstanzen: Gesundheitsamt Wiesbaden, Arbeitsämter Frankfurt, Mainz, Wiesbaden („Ostarbeiter"!), Fürsorgeämter, Universitätsklinik Frankfurt. Töten aller „arbeitsunfähigen" und längerfristig bettlägerigen Patienten, Verlegen nach Hadamar (mit dem Ziel der Tötung dort – so geschehen mit „Ostarbeitern"!) sowie eine geringe Erweiterung des Anstaltsraums (Januar 1944: Einrichtung des „Ausweichskrankenhauses" Rheinhöhe) waren die Methoden, um Platz zu schaffen für die ankommenden Einzel- und Sammel-„Transporte", für Lazarett-Raum der SS (ab 1. 1. 1944 600 SS-Männer auf dem Eichberg-Gelände). Die Entscheidung über Leben und Tod lag bei Walter Schmidt, der vor Ort die Opfer (hauptsächlich nach dem Kriterium „Arbeitsfähigkeit") selektierte und aus Berlin um „Behandlungsermächtigung" bat. Sie wurde ihm in der Regel gewährt.
5. Die Gesamtzahl der Opfer dürfte zwischen 4000 und 5000 Menschen liegen, einschließlich jener, die auf dem Eichberg durch gezielte Hungerkost zu Tode kamen und jener, die nach Hadamar „verlegt" wurden.
6. Die Untersuchung der Rolle des Eichbergs bestätigt wesentliche Ergebnisse der modernen „Euthanasie"-Forschung, etwa: den inneren Zusammenhang zwischen „Modernisierung" (besonders im Bereich der Therapien) und Selektion (oder auf der subjektiven Ebene des Arztes: zwischen der Bereitschaft, die „Heilbaren" mit progressistischem Eifer zu „retten" und die „Unheilbaren" zu töten), den Widerspruch zwischen Propaganda (wissenschaftlich drapierte Rassenlehre) und Realität (*soziale* Selektion: auf dem Eichberg starb, wer „arm" und „hilflos" war), die Beteiligung „traditioneller" Institutionen (Arbeitsämter, Gesundheitsämter) an dem Tötungssystem.

Zur Struktur des regionalen „Systems Eichberg" einige knappe Stichworte:

Die Tötungen waren nicht nur das Werk einiger „von außen importierter" NS-Ärzte, beteiligt waren – mindestens als Wissende, aber auch als Helfer – Eichberger Stammärzte und -pfleger. Das „System" war auf vielfache Weise mit seiner Rheingauer Umgebung verschränkt: Arbeits- und Wirtschaftsbeziehungen (etwa mit zwei Rüstungsbetrieben), institutionelle Beziehungen (Standesamt Erbach, Gesundheitsamt Rüdesheim), kirchliche Beziehungen (Anstaltspfarrer). Außerdem wußte die Bevölkerung allgemein, was in der Anstalt vorging.

„Widerstand" gab es lediglich von Seiten Wilhelm Nordmanns. Seiner Haltung ist es zu verdanken, daß relativ wenige Rheingauer Menschen auf den Eichberg kamen. Seine Weigerung, Rheingauer(-innen) auf den Eichberg einzuweisen, steht in krassem Gegensatz zum Verhalten der Ärzte des Wiesbadener Gesundheitsamtes, die Menschen aus nichtigen Anlässen auf den

Eichberg brachten (Rolle von Dr. Otto Henkel). Wie gering entwickelt im übrigen die Trauer mit den Opfern im Rheingau war, zeigt die Tatsache, daß es bereits zwei Jahre nach dem Krieg zu einer breiten Solidarisierungswelle mit dem wichtigsten Täter, Walter Schmidt, kam. Das Thema Zwangssterilisation ist heute tabuisiert.

Die Landesheilanstalt Hadamar als Teil der Psychiatrie des Nationalsozialismus[4]

Unter der Herrschaft des Nationalsozialismus wurden in den 30er Jahren verschiedene Angriffe auf die Lebensverhältnisse von Menschen vorgenommen, die sich in psychiatrischen Anstalten befanden. Zwei Beispiele:

- Nach Einführung des „Gesetzes zur Verhütung erbkranken Nachwuchses" war es untersagt, Patienten, denen eine der im Gesetz genannten Diagnosen zugeordnet war, aus den Anstalten zu entlassen, ohne daß ein Antrag auf Sterilisation gestellt und darüber entschieden war. In Hadamar waren im wesentlichen weiblichen Patienten betroffen, die als „jugendliche, schwachsinnige Psychopathen" etikettiert aus Frankfurt überwiesen worden waren. 1934, dem ersten Jahr der Vollstreckung des Gesetzes, wurden für nahezu 20 % aller Hadamarer Patienten „Anträge auf Unfruchtbarmachung" gestellt. Die Sterilisationen wurden in der Landesheilanstalt Herborn durchgeführt. Die Gesamtzahl der Hadamarer bzw. nassauischen Opfer ist nicht bekannt.
- Ein Teil der Patientinnen der Landesheilanstalt war in der Stadt Hadamar im katholischen Anna-Stift untergebracht. Ende 1937 zog der Bezirkskommunalverband Wiesbaden seine Pfleglinge aus dem Heim zurück, weil die Stiftung den Landeshauptmann und SS-Offizier Wilhelm Traupel nicht als Vorsitzenden akzeptieren wollte und sich damit der Einführung des „Führerprinzips" widersetzte.

  In einer konzertierten Aktion des nationalsozialistischen „Vereins zur Volkspflege" und der regionalen Kreissparkasse wurde die Stiftung schließlich finanziell in die Knie gezwungen. Vorsitzender des Vereins war der persönliche Adjudant des Landeshauptmanns, der Landesverwaltungsrat und SS-Sturmbandführer Fritz Bernotat. Das Anna-Stift ging in den Besitz des Bezirkskommunalverbandes Wiesbaden über und wurde zu einer externen Station der Landesheilanstalt.

  Diese Vorgänge in Hadamar waren Teil einer ganz Hessen-Nassau umfassenden Verstaatlichungsaktion im Anstaltssektor.

4 Es handelt sich hierbei um die stark gekürzte Fassung eines 50seitigen Aufsatzes (1989), der bei Matthias Hamann, Beethovenstr. 10, 3000 Hannover, angefordert werden kann

In diesem Rahmen wurden mehrere Institutionen auf das „Führerprinzip" „umgestellt" und außerdem mindestens 2000 Patienten aus konfessionellen in staatliche Anstalten verlegt. Die durchschnittliche Belegung der nassauischen Anstalten Weilmünster, Herborn, Eichberg und Hadamar stieg von insgesamt 3500 im Jahre 1937/38 auf 4800 im Jahre 1939/40. Am 31. 3. 1940 befanden sich in ihnen, auf kleinerem Raum zusammengedrängt, 5256 Patienten – Hadamar zwar zwischenzeitlich Reservelazarett geworden.
Auch die medizinische und existentielle Versorgung wurde schlechter. Pfleger- und Ärztezahlen wurden den erhöhten Patientenzahlen nicht angepaßt, die Verpflegungsaufwendungen pro Person sanken – in Hadamar zwischen 1936 und 1939 um fast 10%. Der Frankfurter Psychiater Karl Kleist stellte schon 1938 bei einer Inspektion der nassauischen Anstalten – der ersten seit 1934 – bedrückende Verhältnisse fest. Zwischen 400 und 500 Patienten kamen auf einen Arzt, vielfach wurden zur „Lagerung der Kranken (...) Strohsäcke" verwandt, oft waren bettlägerige Patienten unterernährt und unbekleidet. Von März 1939 bis März 1940 starben in den nassauischen Landesheilanstalten 720 Menschen und damit 15% der im Jahresmittel untergebrachten Patienten.

Parallel zu dieser „Aushungerung" der Anstalten wurde die „Erbbiologische Bestandsaufnahme" psychiatrischer Patienten vorangetrieben. Etwa ein Drittel der „Landesobmänner" dieser Erfassung waren später an der Euthanasie-Mordaktion beteiligt. Wann genau die Entscheidung getroffen wurde, die „Euthanasie" in das Arsenal der „negativen Bevölkerungspolitik" mit einzubeziehen, ist ungeklärt. Im Vorfeld fand in den Spitzen der NS-Gesundheitsverwaltung eine heftige Kontroverse über die bisherige Sterilisationspraxis statt. An ihrem Ende stand die Einrichtung einer zentralen, zunächst geheimen, der Erbgesundheitsgerichtsbarkeit übergeordneten Instanz des „Reichsausschusses zur wissenschaftlichen Erfassung von erb- und anlagebedingten schweren Leiden". Der Ausschuß war der „Kanzlei des Führers", einer Parteidienststelle, zugeordnet und übernahm später die Leitung der „Kindereuthanasie". Es kam zu einer gleichzeitigen Reduktion (die Sterilisierungspraxis sollte moderater werden) und Radikalisierung (Planung der Zwangssterilisation von „Asozialen" und der „Euthanasie") „der Politik des Zwangseingriffs in die Körper der Menschen".[5]

Spätestens Ende Juli 1939 begannen die konkreten Vorbereitungen der „Anstaltsaktion", die verwaltungstechnisch am 9. Oktober d.J. mit der Versendung der „Meldebögen" an die Anstalten eingeleitet wurde. Am gleichen Tag diskutierten die Hauptverantwortlichen den voraussichtlichen Umfang der Morde – es wurde mit „65000–75000 Fällen" gerechnet – und die Methode – hier fiel die Entscheidung auf Kohlenmonoxyd-Gas. Die Adresse

5 Bock (1986) 341–351

der Verwaltung der „Euthanasie“ – Tiergartenstraße 4 in Berlin – trug der Aktion den Kurznamen „T 4“ ein.

Im November 1940 wurde die Landesheilanstalt Hadamar vom nassauischen Anstaltsdezernenten Fritz Bernotat und zwei Vertretern von Reichsbehörden inspiziert. Das vorhandene, nach Kriegsbeginn dort eingerichtete Reservelazarett wurde aufgelöst, das Hadamarer Personal zur Verschwiegenheit verpflichtet und mit Umbaumaßnahmen – Einrichtung der Gaskammer und der Krematorien etc. – begonnen. Der Oberpräsident stellte die Anstalt und einen Teil des Personals – zur „Dienstleistung“ – der Euthanasie-Organisation zur Verfügung. Hadamar wurde zur Vernichtungsanstalt für Westdeutschland ausgebaut.

Die Opfer wurden aus neun Anstalten nach dort gebracht, zum ersten Mal am 13. 1. 1941 vom Eichberg. Wurden zuerst die selektierten Stammpatienten dieser Anstalt erfaßt, waren es später Patienten anderer Anstalten, die sich nur kurz in einer der neun „Zwischenanstalten“ befanden und eigens zum Zweck des Abtransports nach Hadamar dorthin verbracht worden waren. Die Opfer kamen insgesamt aus mehr als 40 Anstalten der Provinzen Hannover, Westfalen und Hessen-Nassau, der Rheinprovinz und den Ländern Baden und Württemberg. Bis zum 22. 8. 1941 starben insgesamt 10073 Menschen in der Hadamarer Gaskammer.

Die zu tötenden Opfer waren von T 4-Ärzten anhand der von den Anstaltsärzten ausgefüllten Meldebögen begutachtet und ausgesucht worden. Während man sich in Hessen-Nassau anscheinend im wesentlichen an die so zustande gekommenen Transportlisten hielt – wobei Scheuern eine Ausnahme zu bilden scheint – kam es in Westfalen und dem Rheinland zu umfangreichen Nachbegutachtungen durch Ärzte der Provinzialverbände. Die Rückstellungsquote in Westfalen soll 30 % betragen haben, obwohl offiziell „von Berlin“ nur eine „Marge“ von 5 % zugestanden worden sei. Nach einer solchen endgültigen Selektion wurde der nassauische Anstaltsdezernent informiert, der den Abtransporttermin bekanntgab.

Vom hannoverschen Provinzialverband sind aufgrund von „Besprechungen in Berlin“ festgelegte Rückhaltekriterien bekannt, z. B. Kriegsbeschädigung oder gute Arbeitsleistung (die aber nur dann, wenn der Meldebogen des betroffenen Patienten nicht von einem T 4-Arzt selbst ausgefüllt war). Teilweise wurde den Anstalten von vornherein ein Spielraum von 25 % „für Verlegte, Verstorbene usw.“ eingeräumt. Diese gewisse Flexibilisierung der Abtransportpraxis sollte vermutlich dazu dienen, die Möglichkeit zu eröffnen, grobe Fehler in den Meldebögen zu korrigieren. Der Zustand von insbesondere leistungsfähigen Patienten war von den Anstaltsärzten in den Meldebögen teilweise schlechter dargestellt worden, weil man glaubte, die als „planwirtschaftliche Maßnahme“ bezeichnete Erfassung diene dazu, den Anstalten „gute“ Arbeitskräfte zu entziehen.

Das „Abstoppen der Aktion“ Ende August 1941 hatte verschiedene Gründe. Auf der einen Seite war drei Wochen zuvor zum ersten Mal von kirchlicher Seite *öffentlich* protestiert worden (Bischof Clemens August Graf von Galen, Münster). Gleichzeitig war das NS-Regime nach dem Angriff auf die Sowjetunion im Juli keineswegs auf innenpolitische Auseinandersetzungen erpicht. Auf der anderen Seite war mit 70 273 getöteten Menschen die Planzahl in etwa erfüllt.

Die „Kindereuthanasie“ und die „Aktion 14 f 13“ – die Aussonderung kranker KZ-Häftlinge durch T 4-Kommissionen – wurden fortgesetzt, wesentliche Teile des Personals der Vernichtungsanstalten fanden im Rahmen der anlaufenden „Endlösung der Judenfrage“ neue Verwendung. Ein ehemaliger Hadamarer Büroleiter wurde „Inspekteur“ der Vernichtungslager Sobibór, Belžec und Treblinka, ein anderer Angestellter Kommandant von Belžec.

Zwar war die Aktion in ihrer bisherigen Form abgebrochen, organisatorisch entwickelte sich die „T 4“ aber dennoch weiter. Schon im Oktober wurde der verwaltungstechnische Teil eines ausgearbeiteten, aber von Hitler nicht zur Veröffentlichung freigegebenen, Euthanasiegesetzes verwirklicht. Per Erlaß wurde offiziell ein „Reichsbeauftragter für Heil- und Pflegeanstalten“ eingeführt, der – so war auf der ersten Seite der entsprechenden Ausgabe des Reichsgesetzblattes zu lesen – die berüchtigten „planwirtschaftlichen Maßnahmen auf dem Gebiet der Heil- und Pflegeanstalten“ durchführen sollte.

In der Folge wurde die Meldebogen-Erfassung auf mehr Anstalten und auf alle Patienten in den Anstalten ausgedehnt und die Planungs- und Forschungsbemühungen der Euthanasieverwaltung intensiviert. Parallel dazu wurde die Erfassung und Begutachtung von „Asozialen“ in „Arbeits- und Bewahrungshäusern“ begonnen. Die wieder einsetzenden Morde in Hadamar waren aber nicht Teil der Verwirklichung dieser Planungen, sondern Folge der verstärkten Zerstörung und des gestiegenen Bedarfs an Krankenhäusern und ähnlichen Institutionen durch die Zunahme der Bombenangriffe auf Großstädte.

Der zweite Transport dieser neuen Phase, der am 18. August 1942 – kurz nach dem ersten mit 126 Männern aus Bremen – nach Hadamar verschubt wurde, umfaßte 368 Frauen aus Kloster Hoven. Das Schicksal einer dieser Frauen ist hier auf den Seiten 84/85 dokumentiert. Sie waren verlegt worden, weil ihre Heimatanstalt für Bewohner eines beschädigten Kölner Altersheims genutzt werden sollte. Diese Verlegungspraxis war für einen großen Teil der 1942–1945 durchgeführten Deportationen nach Hadamar verantwortlich. Die Patienten psychiatrischer Anstalten stellten lediglich „Bettenplatzhalter“ dar, die im Bedarfsfall in den Tod abgeschoben wurden. Diese Verlegungen waren Teil der Versuche, die Folgen des Bombenkrieges katastrophen-medizinisch in den Griff zu bekommen. Diese Versuche wurden als „Aktion Brandt“ bezeichnet. Karl Brandt war Hitlers Leibarzt, von ihm mit der „Euthanasie“-

Datum	Krankheitsverlauf	Verordnungen
1936		
22.V.	Trotz des zumeist lauten Wesens der Kranken kann sie zumeist ohne Schwierigkeiten dirigiert wer= den.	
20.VII.	Hat sich herbeigelassen Betten zu machen, macht sie regelmäßig und ordentlich. Geht viel im Raum auf und ab, meist in der gleichen Richtung und auch im gleichen Tempo. Kommt nachmittags in den Park. Vereinzelt immer wieder einmal erregt, schimpft und schreit.	
21.V.	Löst sich gerne das Haar, sagt dann wohl auf Vorhalt: „ich bin Fräulein Von, meine Schwester ist Nonn". Kann kaum einmal ruhig sitzen, springt, wenn jemand in ihre Nähe kommt, gleich auf und in der Art eines aufgescheuchten Huhnes davon.	
5.VII.	Beschäftigt sich mit Bettenmachen und Abdecken. Ist an sich sauber und ordentlich, freut sich über ein schönes Kleid. Hier und da in kurzdauernder Erregung.	
1939		
27.III.	Arbeitet regelmäßig auf dem kleinen Schlafsaal, läuft aber beim Bettenmachen eine ganze Anzahl von Malen davon und muß von neuem an die Arbeit dirigiert werden. Löst sich meist das Haar.	
1940		
28.V.	Hält viel auf ihr Äußeres. Ist gern sauber und „fein" gekleidet, bedankt sich eigens für alles, was ihr in dieser Hinsicht geboten wird. Ist seit längerem untätig. Spricht viel mit sich selbst.	

Abb. Nr. 8

Datum	Krankheitsverlauf	Verordnungen
1941		
25.IX.	Macht seit einiger Zeit fleissig Betten, geht auch über Tag öfters in diesen Saal und richtet hier und da noch etwas zurecht. Manchmal frech und ungezogen, schimpft über das Essen, geht viel im Saal auf und ab. Beginnt die Arbeit fast immer mit Schimpfen, wird dann aber bald ruhig und macht fleissig weiter.	
1942		
17.VII.	Hat keine Beziehung zu ihrer Umgebung. Hält sich sauber und ordentlich. Macht fleißig Betten.	
18.VIII.	In die hessische Landesanstalt Hadamar überführt.	
	14	
	Hadamar	
	13.1.43. Seit längerer Zeit bettlägerig, sehr schwach. Seit einigen Tagen rapider Verfall u. Entkräftung. Heute exitus an Marasmus	

Abb. Nr. 9

Mordaktion 1940/41 beauftragt und seit Mitte 1942 „Bevollmächtigter für das Sanitäts- und Gesundheitswesen".

Die seit dieser Zeit in Hadamar und einigen anderen Anstalten ausgeführten Morde wurden gegen Ende des Sommers 1943 ausgedehnt, nachdem der medizinische Leiter der T 4, Prof. Hermann Paul Nitsche „in Verfolgung des E-Auftrages von Professor Br." (E = Euthanasie, Br. = Brandt) „eine Anzahl besonders ausgewählter, praktischer Psychiater zu sich bestellt" und entsprechend instruiert hatte. In Hadamar wurden ab August 1942 Kranke durch die Verabreichung von Überdosen von Medikamenten getötet. Wer Tag für Tag zu sterben hatte, legten Chefarzt, Oberschwester und -pfleger in morgendlichen Konferenzen fest.

Die Ernährung der Patienten war nach ihrer Leistungsfähigkeit abgestuft und miserabel, Hungerödeme an der Tagesordnung. Ein Teil der Patienten wurde an die Hadamarer Bevölkerung zur Arbeit zur Verfügung gestellt. Bis Ende März 1945 starben über 4500 der seit August 1942 aufgenommenen 4800 Menschen.

Die traurige Einmaligkeit Hadamars machen zwei weitere Opfergruppen aus:

- Von April 1943 bis Mai 1944 wurden insgesamt 39 „minderjährige jüdische Mischlinge", die sich in Fürsorgeerziehung befanden, in eine eigens in Hadamar eingerichtete Abteilung eingewiesen. Über 30 von ihnen wurden getötet.
- Kurz darauf begann in Hadamar die Ermordung von über 400 polnischen und sowjetischen Zwangsarbeitern, Männern, Frauen und Kindern, die Tuberkulose hatten und von Arbeitsämtern eingewiesen worden waren.

Literatur

Bock, G. (1986) Zwangssterilisation im Nationalsozialismus. Studien zur Rassenpolitik und Frauenpolitik. Opladen

Dickel, H. (1988) „Die sind doch alle unheilbar" – Vernichtung sog. „lebensunwerten Lebens". Zwangssterilisation und Tötung von „Minderwertigen" im Rheingau 1934–1945. Wiesbaden

Hamann, M. (1985) Die Morde an polnischen und sowjetischen Zwangsarbeitern in deutschen Anstalten. Beispiel Hadamar. In: Aly, G. u. a. (Hg.) (1985) Beiträge zur nationalsozialistischen Gesundheits- und Sozialpolitik. Band 1. Berlin

Hamann, M. (1989) Die Landesheilanstalt Hadamar als Teil der Psychiatrie im Nationalsozialismus. Hannover (unveröffentlicht)

Henkel, D./Roer, D. (1986) Psychiatrie im Faschismus. Die Anstalt Hadamar 1933–1945. Bonn

Kneuker, G./Steglich, W. (1985) Begegnungen mit der Euthanasie in Hadamar. Rehburg-Loccum

Sick, D. (1983) „Euthanasie“ im Nationalsozialismus am Beispiel des Kalmenhofes in Idstein im Taunus. Frankfurt/M

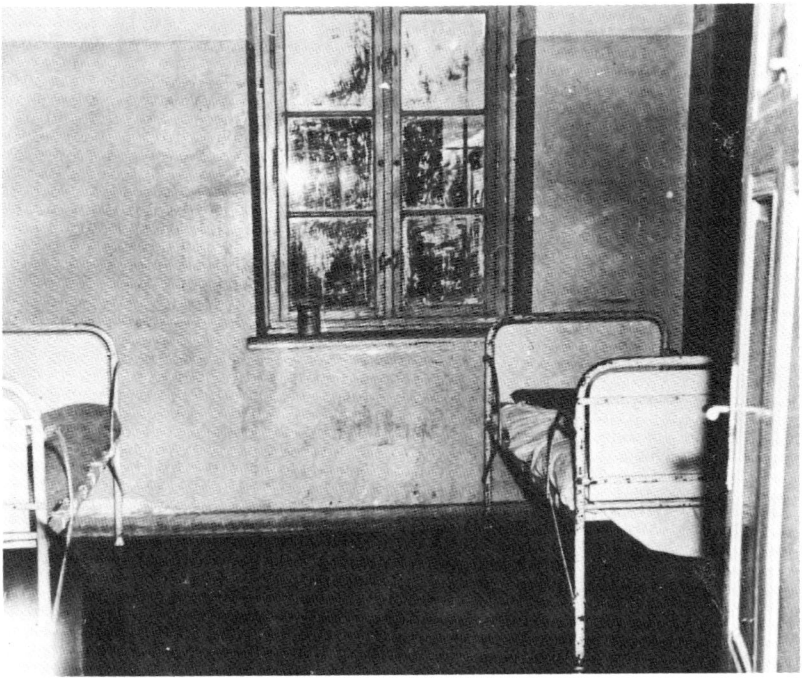

Abb. Nr. 10

PETER GÖBEL-BRAUN/MANFRED KLÜPPEL

Auswirkungen der NS-Psychiatrie auf Einrichtungen im Gebiet des ehemaligen Bezirkskommunalverbandes Kassel

Exemplarisch möchten wir uns mit drei Einrichtungen beschäftigen, die in der Kette des Vollzugs miteinander verbunden waren:

1. mit den Anstalten Hephata bei Treysa, einer Einrichtung der Inneren Mission der Deutschen Evangelischen Kirche und seit 1901 im Besitz des „Hessischen Brüderhauses“ e. V.[1] und
2. mit den Landesheilanstalten Haina und Merxhausen des Bezirkskommunalverbandes Kassel[2]

Hessen-Nassau war im „Reich“ ausgewählt als Musterland zur „Lösung der Anstaltsfrage“. Über die Unterstellung möglichst aller Heime und Anstalten unter das nationalsozialistische Führerprinzip versuchte Landeshauptmann Wilhelm Traupel unmittelbar Zugriff auf alle Zöglinge und Pfleglinge zu gewinnen. In Hephata gelang dies jedoch auf diesem formalen Wege nicht. Deshalb versuchte er seit 1936 durch umfangreiche Verlegungen in eigene Einrichtungen seine Klientel zu konzentrieren. Für die Betroffenen bedeutete das zunächst einschneidende Verschlechterungen ihrer Lebensbedingungen, für viele schließlich die gezielte Ermordung.

In diesem Geschehen kommt Hephata eine tragische Bedeutung zu:

- Hephata ist die bekannteste Einrichtung der Inneren Mission in Hessen;
- Hephatas Direktor (D. Friedrich Happich) ist im „Central-Ausschuß für Innere Mission“ der Deutschen Evangelischen Kirche Ansprechpartner für die hessischen Einrichtungen; gleichzeitig ist er als Vorsitzender des Landeskirchenausschusses fur die Evangelische Landeskirche von Kurhessen-Waldeck gleichsam deren entscheidende Person;
- bereits in den zwanziger Jahren kämpften die verantwortlichen Männer Hephatas engagiert für die Freigabe der eugenischen Sterilisation; wichtige Tagungen fanden 1926, 1927 und 1931 zu diesem Thema in Hephata statt, eine entsprechende Petition wurde an den Reichstag gerichtet;

1 Göbel/Thormann (1985)
2 Klüppel (1984)

– bei der Erfüllung des „Gesetzes zur Verhütung erbkranken Nachwuchses“ zeichnete sich Hephata durch teilweise übergroßen Eifer aus.

Diese letztere Haltung war jedoch kein Faustpfand gegen das Bestreben des Landeshauptmanns, „seine“ Zöglinge und Pfleglinge in staatlichen Einrichtungen zu konzentrieren. Nach offiziellen Angaben verlegte Wilhelm Traupel bis Anfang 1939 fast vierhundert Personen von Hephata vor allem nach Marburg-Cappel, Haina und Merxhausen. Ihr weiteres Schicksal läßt sich nur mühsam rekonstruieren; für die Mehrzahl bedeutete es nach weiteren Verlegungen die Ermordung, zumeist in Hadamar.

Heute wissen wir, daß die Zwangssterilisierungen Kranker und Behinderter und die darauf folgenden massenhaften Ermordungen der begrifflichen, technologisch-bürokratischen und administrativen Erprobung der „Endlösung der Judenfrage“ dienten. Der Weg dorthin führte von der Abdefinierung von Menschen als lebensunwert über die Sterilisierung zur Konzentration in Anstalten und Lagern und schließlich zur endgültigen Aussonderung und massenhaften Ermordung. Auf diesem Weg markiert leider auch Hephata eine – wenn auch frühe – Etappe.

Durch die Verlegungen von Patienten aus kirchlichen Anstalten (Hephata, Bethel, Fulda) und die Räumung der Anstalt Merzig/Saarland – im Zuge der Kriegsvorbereitung gegen Frankreich – waren die Landesheilanstalten Haina und Merxhausen im Sommer 1940 mit je 1200 Patienten hoffnungslos überfüllt. Im Frühjahr/Sommer 1941 wurden aus Haina und Merxhausen im Rahmen der Mordaktion „T 4“ insgesamt 967 Patienten über „Zwischenanstalten“ nach Hadamar gebracht und dort vergast. Die von den Abgabeanstalten nicht informierten Angehörigen erhielten von Hadamar oder einer anderen Tötungsanstalt standardisierte „Trostbriefe“. Weitere Opfer der Vernichtungsaktionen waren jüdische Patienten, psychisch erkrankte polnische und russische Zwangsarbeiter sowie die in Haina untergebrachten straffällig gewordenen Patienten. Die nicht verlegten Patienten – Merxhausen hielt 50 Patienten zurück – konnten ihres Lebens nicht sicher sein: Durch die völlig unzureichende Versorgung mit Lebensmitteln, Medikamenten und Heizmaterial stieg die Sterblichkeitsquote in Merxhausen von 6,5 % (1937/38) auf 23 % (1940/41) und schließlich auf 30,6 % (1944/45). Ein Inspekteur der „T 4“-Zentrale in Berlin kommentierte 1944 das Verhalten der Hainaer und Merxhäuser Ärzte so: „Man lehnt es ab, den Patienten die Leiden zu verkürzen (gemeint ist die Ermordung durch Überdosierungen, die Verf.) und ist aber absolut damit einverstanden, daß der Patient wirklich hungert und unterernährt eines Tages den Weg geht, den man ihm durch eine kleine Hilfe hätte erleichtern können. So in Haina, Merxhausen ...“[3]

3 Klüppel (1984) 82

Der Oberpräsident (Verwaltung des Bezirksverbandes Hessen)

Fernruf: 1778 (Sammel-Nr. für Stadtverkehr)
1446 (Sammel-Nr. für Fernverkehr)

ANSTALTEN HEPHATA
Eing. am 26. MRZ. 1938
Br.B.Nr. 6724

Kassel, den 18. März 1938.
Ständeplatz 8

Akt.-Z. I B
(In Zuschriften angeben)

An
den Vorstand der Anstalten Hephata
in T r e y s a.

Jch nehme Bezug auf die gestrige Besprechung zwischen Herrn Pfarrer Linz, Herrn Dr. Wittneben und dem Unterzeichneten, deren Ergebnis im Folgenden zusammengefasst wird:

Der Bezirksverband Hessen verfügt in seinen eigenen Anstalten noch in erheblichem Maße über ungenutzten Raum. Dadurch wird die Wirtschaftlichkeit der Anstalten äußerst ungünstig beeinflusst.

Um zu einer rationelleren Ausnutzung des vorhandenen eigenen Anstaltsraumes und damit zu der unbedingt notwendigen Senkung der Betriebskosten auf ein einigermaßen erträgliches Maß zu gelangen, ist der Bezirksverband gezwungen und auch schon seit einiger Zeit dazu übergegangen, seine in fremden Anstalten untergebrachten Kranken in die eigenen Anstalten zu verlegen. Die in Jhrer Anstalt befindlichen Kranken -schätzungsweise 385- sind die letzten, die noch überführt werden müssen.

Wie in der Besprechung zugesagt, erkläre ich mich zu dem Entgegenkommen bereit, daß die Kranken in 4 Etappen aus Jhrer Anstalt herausgenommen und daßdie schulpflichtigen Kinder bis zum letzten Transport zurückgestellt werden.

Wegen der Jubiläumsfeierlichkeiten Jhrer Anstalt am 1.4.1938 bin ich selbstverständlich auch damit einverstanden, daß der eigentlich schon zum 31.3.1938 vorgesehene 1.Transport erst am 11.4.1938 ausgeführt wird. Die nächsten 3 Transporte finden am 30.4., 31.5. und 30.6. statt.

Der Transport am 11.4.38 umfasst 100 Kranke, von denen 50 nach Haina und 50 nach Merxhausen kommen. Näheres hierüber erfahren Sie noch von den beiden Anstalten.

Jm Auftrage:
Schneider
Landesbürodirektor.

Abb. Nr. 11

Literatur

GÖBEL, P./THORMANN, H. (1985) Verlegt – vernichtet – vergessen...? Beiträge aus Hephata zum kirchlich-diakonischen Handeln (2). Schwalmstadt

KLÜPPEL, M. (1984) „Euthanasie" und Lebensvernichtung am Beispiel der Landesheilanstalten Haina und Merxhausen. Nationalsozialismus in Nordhessen (4). Kassel

VOLKER RIESS

Auswirkungen der NS-Psychiatrie auf Einrichtungen im ehemaligen Gebiet Hessen-Darmstadt

Im Gebiet Hessen-Darmstadt, bis 1918 Großherzogtum und dann bis 1945 Freistaat, oblag die Verwaltung der Anstalten[1] nicht – wie in Wiesbaden und Kassel – einem Bezirkskommunalverband, sondern der Landesregierung (Abteilung III: Innere Verwaltung). Hessen-Darmstadt bildet im „Dritten Reich" zusammen mit dem Regierungsbezirk Wiesbaden und der preußischen Provinz Hessen-Nassau den Gau Hessen-Nassau. Gauleiter Sprenger war zugleich Reichsstatthalter in Hessen und Vorsteher der Landesregierung Hessen-Darmstadt.[2]

Im folgenden soll kurz etwas gesagt werden zu der Einbindung einzelner Einrichtungen in die NS-„Euthanasie"-Organisation.

1. Landesheil- und Pflegeanstalt Gießen

Anfang 1937 hatte sie 538 Plätze und war mit 232 weiblichen und 260 männlichen Patienten belegt. Sie verfügte über ein festes Haus und eine Beratungsstelle für „psychische und Nervenkranke" und betrieb psychiatrische Außenfürsorge und Familienpflege.[3] 1941 gingen Vernichtungstransporte über die Zwischenanstalten Weilmünster nach Hadamar.[4] Zum 31. 8. 1941 gab die „T 4" 800 Betten und 642 Fragebogen an.[5] Spätestens ab Ende 1941 war Gießen teilweise mit dem Infektionsbau der Kinderklinik (30 Betten) und

1 ILBERG/LAEHR (1937) 2f., 24, 39ff., 49f., 85

2 1944 wurde Hessen-Nassau in die Provinzen Nassau (Regierungsbezirk Wiesbaden plus Kreise Hanau, Gelnhausen u. Schlüchtern) und Kurhessen (übrige Kreise ohne Schmalkalden, das zum Regierungsbezirk Erfurt kam) aufgeteilt. Gauleiter Sprenger vom Gau Hessen-Nassau wurde Oberpräsident der Provinz Nassau

3 ILBERG/LAEHR (1937) 39f.

4 ROER/HENKEL (1986) 86

5 Zentrale Stelle der Landesjustizverwaltungen in Ludwigsburg /ZSL): Heidelberger Dokumente (HD) 125291–125334 (Liste der deutschen Anstalten für Geisteskranke und Schwachsinnige per 31. 8. 1941) hier: 125297/1

einem SS-Lazarett (120 Betten) belegt.[6] Bei letzterem handelte es sich wahrscheinlich um eine neurologisch-psychiatrische Beobachtungsstation.[7] Die Leute des festen Hauses hätten für die SS arbeiten müssen und hätten unter anderem auf dem Anstaltsgelände ein bis 1945 existierendes Arbeitslager gebaut, das auch als Lazarett genutzt wurde.[8] Mitte 1943 registrierte die „T 4“ für Lazarettzwecke 150 Betten.[9] Und mit Schreiben vom 25. 6. 1943 verfügte sie im Auftrag des Generalkommissars für das Sanitäts- und Gesundheitswesen im Rahmen der Räumung der Heil- und Pflegeanstalten in „besonders luftgefährdeten“ Gebieten die Aufnahme von 25 Männern und 50 Frauen aus rheinischen bzw. westfälischen Anstalten, da Gießen zur Zeit freie Betten hätte. Den Transport sollte die Gemeinnützige Krankentransport-G.m.b.H. (Gekrat) besorgen und die Abrechnung der Verpflegungskosten die Zentralverrechnungsstelle Heil- und Pflegeanstalten, Berlin W. 35, Tiergartenstraße 4. Beides waren Tarngebilde der „T 4“. Die Gekrat hatte 1940/41 die „Euthanasie“-Transporte durchgeführt.[10]

2. Landesheil- und Pflegeanstalt Philipphospital Goddelau

Die geschlossene Anstalt mit offener Abteilung und Familienpflege verfügte über 1100 Plätze (Stand: 1. 1. 1937) und war mit 551 Männern und 435 Frauen belegt.[11] Goddelau nimmt insofern eine Sonderstellung ein, als von dort offenbar bereits Anfang Juni 1940 mindestens ein Vernichtungstransport abgegangen ist. Eine ehemalige Goddelauer Patientin berichtete, von dort am Pfingstdienstag 1940 mit etwa 80 Frauen in vier Bussen nach Zwiefalten, Zwischenanstalt der Vergasungsanstalt Grafeneck, verlegt worden zu sein. Nach einigen Wochen sei dann der gesamte Goddelauer Transport nach Grafeneck gebracht worden. Die Zeugin wurde als einzige von der Vernichtung zurückgestellt und nach Zwiefalten zurückgebracht.[12] Im August wurden 55 Patienten nach Vryl (?) und im November 191 Patienten nach Alzey verlegt.

6 ZSL: HD 126846–126865 (Übersicht über die Verteilung der in Heil- und Pflegeanstalten nicht mehr für Geisteskranke verwendeten Betten) hier: 126862 (Mitteilung vom 9. 1. 1942)

7 Vgl. ZSL: 204 AR 2529/65 9

8 Plaum (1982) 19

9 ZSL: HD 127776–127797 (Abteilung Planung, 3. 8. 1943: Anstalten, die vollständig oder teilweise Kriegszwecken dienen) hier: 127784

10 Chroust (1987) Dokument 225

11 Ilberg/Laehr (1937) 41

12 Aussage Maria V. vom 9. 12. 1947 vor Untersuchungsrichter. In: Staatsanwaltschaft bei dem Badischen Landgericht Freiburg: 1 Ks 5/48. Hauptheften. Band 3

Im Februar 1941 begannen dann die Vernichtungsverlegungen nach Weilmünster, einer Zwischenanstalt auf dem Weg nach Hadamar. Nach Weilmünster kamen innerhalb drei Monaten 450 Menschen.[13] Auch über Scheuern gingen wahrscheinlich Verlegungen nach Hadamar.[14] Zudem wurden am 1. 2. 1941 29 jüdische Kranke nach Heppenheim, Sammelanstalt für geisteskranke Juden auf dem Weg zur Vernichtung, gebracht und von dort am 4. 2. 1941 weitertransportiert.[15] Für den 31. 8. 1941 verzeichnete die „T 4" 1200 Betten und 1249 (!) Fragebogen.[16]

Die Anstalt war auch danach überbelegt. So hatte sie etwa noch im Sommer 1941 einen Teil der Heppenheimer Kranken zu übernehmen. Diesen folgten Kranke aus verschiedenen Pflegeheimen, die wegen der Luftangriffe ausquartierte chirurgische Abteilung des Darmstädter Stadtkrankenhauses und schließlich eine innere Abteilung. 1942 waren 1550 Betten nebst 100 Strohsäkken belegt. 1943 waren zusätzlich 256 und 1944 346 Strohsäcke belegt. Im November 1943 wurden 243 Patienten in die berüchtigte Anstalt Eichberg verlegt, was zumindest für einen Teil den baldigen Tod bedeutet haben dürfte.[17] Im März 1944 wurden 8 Männer in das KZ Mauthausen verlegt. Hierbei dürfte es sich um Sicherungsverwahrte bzw. kriminelle Kranke gehandelt haben, die aufgrund von Weisungen der Reichsjustizverwaltung deportiert wurden.[18] In einer Sammelaktion für geisteskranke Ostarbeiter und Ostarbeiterinnen wurden zwischen 17. 5. und 18. 6. 1944 aus acht Anstalten, darunter Goddelau, insgesamt 53 Personen nach Hadamar gebracht. Bis 24. 6. 1944 waren 36 getötet worden. Die übrigen 17 kamen in die Vernichtungsanstalt Hartheim bei Linz.[19]

3. Landesheil- und Pflegeanstalt Heppenheim

Die geschlossene Anstalt mit Familienpflege und psychiatrischem Außendienst hatte am 1. 1. 1937 bei 400 Betten 179 männliche und 219 weibliche Patien-

13 Kaminer (1983) 13

14 Anklageschrift der Generalstaatsanwaltschaft Frankfurt/M.: Js 17/59, gegen Heyde und andere. S. 358: Einzelfallschilderung über Opfer, das von Nieder-Ramstadt über Goddelau und Scheuern nach Hadamar kam.

15 LWV-Archiv (Bestand Heppenheim) Tagebuch u. „Juden-Angelegenheiten": Liste vom 4. 2. 1941; Kaminer (1983) 14 nennt 79 (Schreibfehler?) verlegte Juden.

16 ZSL: HD 125291–125334 (Liste der deutschen Anstalten für Geisteskranke und Schwachsinnige per 31. 8. 1941) hier 127297/2

17 Kaminer (1983) 14 f.; zum Eichberg vgl. Hamann (1985) 140; Klee (1983) 431 f.

18 Kaminer (1983) 13; Aly (1985) 50 ff.

19 Hamann (1985) 142

ten.[20] 1938 und 1939 stieg die Belegung stark an. Ursache dafür war die Übernahme von Kranken anderer Einrichtungen, wie zunächst aus Nieder-Ramstadt. Am 31. 1. 1939 kamen 30 Patienten von der privaten Heilerziehungsanstalt Kalmenhof, Idstein, und im Februar nochmals 42 aus Nieder-Ramstadt.[21] Am 16. und 18. 3. 1939 kamen vom Kreisaltersheim St. Lioba Fulda, dem St. Antoniusheim Fulda, dem St. Valentinushaus Kiedrich und von der Landesheilanstalt Weilmünster insgesamt 34 Patienten.[22] Mit Ausnahme der Kranken aus Weilmünster dürften jene Verlegungen in den gleichen Ursachen begründet liegen, die zur weitgehenden Räumung der Nieder-Ramstädter Anstalten (s. u.) führten. Im September 1939 kamen zu den Darmstadt-Eberstädter Pfleglingen (s. u.) Patienten aus der psychiatrischen Klinik Heidelberg und aus der Kreis-, Heil- und Pflegeanstalt Frankental. Letztere wurden am 5. 12. 1939 wieder zurückverlegt. Die Hin- und Rückverlegung dürfte mit dem Kriegsbeginn zusammengehangen haben.[23] Im Mai 1940 kamen die Transporte aus Alzey (s. u.). Im November erfolgten die Zurückverlegungen nach Darmstadt-Eberstadt (s. u.).

Mit Runderlaß des Reichsministeriums des Innern vom 12. 12. 1940 wurde verfügt, daß neu anstaltspflegebedürftige Juden künftig nur noch in die Heilanstalt Bendorf-Sayn der Reichsvereinigung der Juden zu bringen sind.[24] Mit Erlaß des Reichsinnenministeriums vom 10. 1. 1941 an das Badische Innenministerium wurde angeordnet, daß etwa noch in badischen Anstalten verstreut sitzende geisteskranke Juden vom 1. bis 3. 2. 1941 mit Gepäck in die Landesheil- und Pflegeanstalt Heppenheim zu überführen sind, von wo sie gegebenenfalls am 4. Februar abtransportiert würden. Falls Differenzbeträge beim Verpflegungssatz zwischen abgebender Anstalt und Heppenheim auftreten sollten, würden diese von der Gekrat übernommen werden.[25] Für Hessen-Darmstadt muß ein ähnlicher Erlaß ergangen sein. Denn am 1. 2. 1941 kamen neben Juden aus badischen Anstalten auch solche aus den hessischen Anstalten Nieder-Ramstadt, Darmstadt-Eberstadt und Goddelau nach Heppenheim. Von dort wurden am 4. 2. 1941 alle zusammen mit den schon vorher in Heppenheim aufgenommen gewesenen jüdischen Pfleglingen, insgesamt 67 Personen, durch die Gekrat abgeholt und noch am gleichen Tag in Hadamar

20 Ilberg/Laehr (1937) 49

21 LWV-Archiv (Bestand Heppenheim): Tagebuch

22 LWV-Archiv (Bestand Heppenheim): Tagebuch

23 LWV-Archiv (Bestand Heppenheim): Tagebuch; vgl. Klee (1983) 87; Rückleben (1981) 21 und 28

24 Az.: IV g 7123/40-5106. In: Ministerialblatt des Reichs- und Preußischen Ministeriums des Innern 5 (1940) Nr. 51 S. 2261

25 Sauer (1966) Dokument 388. Das Aktenzeichen muß richtig lauten: IV g 7128/40-5106

Irrenpflege

Aufnahme jüdischer Geisteskranker in Heil- und Pflegeanstalten

RdErl. d. RMdJ. v. 12.12.1940 — IVg 7123/40-5106

(1) Der bisher noch bestehende Zustand, daß Juden mit Deutschen in Heil- und Pflegeanstalten gemeinsam untergebracht waren, hat, ganz abgesehen von der Tatsache, daß ein derartiges Zusammenwohnen Deutscher mit Juden auf die Dauer nicht tragbar ist, zu Beschwerden des Pflegepersonals und von Angehörigen deutschblütiger Kranker Anlaß gegeben.

(2) Zur Behebung dieser Mißstände ordne ich hiermit an, daß geisteskranke Juden künftig nur noch in die von der Reichsvereinigung der Juden unterhaltene Heil- und Pflegeanstalt in Bendorf-Sayn, Kr. Koblenz, aufgenommen werden dürfen. Die Genehmigung zur Einrichtung etwaiger weiterer derartiger rein jüdischer und jüdisch geleiteter Anstalten behalte ich mir erforderlichenfalls vor.

(3) Falls aus Gründen der öffentlichen Sicherheit die Unterbringung eines geisteskranken Juden in einer deutschen Heil- und Pflegeanstalt erforderlich wird, ist für eine umgehende Weiterleitung des Patienten in die Heil- und Pflegeanstalt in Bendorf-Sayn zu sorgen. Den Leitern der deutschen Heil- und Pflegeanstalten obliegt die Verpflichtung, diese Weiterleitung zum frühestmöglichen Zeitpunkt sicherzustellen.

(4) Dieser RdErl. findet keine Anwendung auf geisteskranke Juden, die bereits vor dem 1. 10. 1940 in deutsche Heil- und Pflegeanstalten aufgenommen waren und sich z. Z. noch in diesen befinden. Wegen der Behandlung dieser ergeht besondere Weisung.

(5) Die unterstellten bzw. der Aufsicht unterstehenden Anstalten sind im Sinne dieses RdErl. zu verständigen.

Zusatz für das Staatsministerium des Innern in München: Auf den Bericht v. 15. 10. 1940 — Nr. 5326 a 58.

Zusatz für den Ober-Präs. (Verw. des Prov.-Verbandes) in Hannover: Auf den Bericht v. 29. 10. 1940 — 42a F 12a.

An die Reichsstatthalter in den Reichsgauen der Ostmark, im Sudetengau, in Danzig-Westpreußen und im Warthegau, die außerpreuß. Landesregierungen, den Reichskommissar für die Saarpfalz, die Ober- und Reg.-Präs., den Pol.-Präs. in Berlin, den Oberbürgermeister der Reichshauptstadt Berlin, die Pol.-Behörden, die Gesundheitsämter.

— RMBliV. S. 2261.

Abb. Nr. 12

vergast.[26] Heppenheim hatte somit ein einziges Mal als spezielle Zwischenanstalt Hadamars gedient.

Ende Februar 1941 wurden 84 Patienten nach Weilmünster und im April 120 Patienten nach Scheuern und 67 nach dem Eichberg verlegt. Alle drei Anstalten waren Zwischenanstalten für Hadamar. Von den Transporten nach Weilmünster gingen mindestens 83 ins Gas und von denen nach Scheuern alle Patienten. Von den Transporten nach dem Eichberg wurden nach einem Monat 59 nach Hadamar gebracht. Vier waren inzwischen gestorben und bei weiteren vier ist das Schicksal bislang ungeklärt. Nach den Sammelverlegungen von 49 Patienten im Juni und 113 im Juli 1941 nach Goddelau war die Anstalt fast leer. So waren es am 1. 9. 1941 nur noch 44 Kranke. Nach dem Ende der Vergasungen im August 1941 registrierte die „T 4" 500 Betten und 655 Fragebogen.[27]

Noch 1941 kam es zu einer Vereinbarung zwischen der Heeresverwaltung und der Landesregierung Darmstadt über die Inanspruchnahme von Heppenheim als „Reserve-Lazarett, Abtlg. Kriegsgefangene".[28] Ende 1941 sind von der „T 4" 300 Betten für Lazarettzwecke, 200 für Kriegsgefangene und für ein Ausweichkrankenhaus 100 Betten aufgelistet worden.[29] Tatsächlich waren Anfang Dezember 1941 250 Kriegsgefangene untergebracht, davon 190 Kranke.[30] Anfang November 1942 hatte man eine Kapazität von 600 Betten für Kriegsgefangene. Gleichzeitig waren 117 Pfleglinge aus dem Altenheim Mainz und 35 Patienten der früheren Anstalt untergebracht.[31] Im Sommer 1943 soll Heppenheim eine Höchstbettenkapazität von 800 gehabt haben, wobei 79 für das Ausweichkrankenhaus und 719 für Kriegsgefangene genutzt worden sein sollen.[32] Ab Sommer 1942 fanden zunehmend „fliegergeschädigte" Personen

26 LWV-Archiv (Bestand Heppenheim): Tagebuch; Generalstaatsanwaltschaft Frankfurt/Main: Ks 2/66, Sonderbände. Schreiben GEKRAT an Kreispflegeanstalt HUB (Baden) vom 15. 1. 1941; ROER/HENKEL (1986) 367.

27 LWV-Archiv (Bestand Heppenheim): Tagebuch; Brief DAUM/DEBUS an PKH Heppenheim vom 29. 6. 1986; ZSL: HD 125291–125334 (Liste der deutschen Anstalten für Geisteskranke und Schwachsinnige per 31. 8. 1941) hier: 125297/2

28 LWV-Archiv (Bestand Heppenheim): Ordner „Wehrmacht/L.S. Leiter": Schreiben Reservelazarett Heppenheim, Kriegsgefangenenabteilung, an Kommandantur Bensheim vom 4. 12. 1941

29 ZSL: HD 126846–126865 (Übersicht über die Verteilung der in Heil- und Pflegeanstalten nicht mehr für Geisteskranke verwendeten Betten) hier: 126862 (Mitteilung vom 9. 1. 1942)

30 LWV-Archiv (Bestand Heppenheim): Ordner „Wehrmacht/L. S. Leiter": Anlage zu Schreiben Reservelazarett Hp., Kriegsgefangenen-Abteilung, an Kommandantur Bensheim vom 4. 12. 1941. Es wurden die Angaben der Anlage (Pläne) addiert.

31 LWV-Archiv (Bestand Heppenheim): Ordner „Wehrmacht/L. S. Leiter": Schreiben L. S.-Leiter des Standortbereichs Hp. an Wehrmachts-Kommandantur Mannheim-Ludwigshafen vom 4. 11. 1942

32 ZSL: HD 127776–127797 (Abteilung Planung, 3. 8. 1943: Anstalten, die vollständig oder teilweise einem Kriegszweck dienen), hier: 127784

Aufnahme. Es waren dies Kranke und alte Menschen aus Krankenhäusern und Heimen der näheren und weiteren Umgebung.[33]

4. Anstalten der Inneren Mission für Epileptiker, Schwachsinnige und Krüppel in Nieder-Ramstadt

Kirchliche und private Einrichtungen standen den nationalsozialistischen Vereinheitlichungs- und Gleichstellungsabsichten im Wege. Ab 1936, in der Provinz Hessen-Nassau beginnend, versuchte man das nationalsozialistische Führerprinzip durchzusetzen. Staatliche Behörden und Kostenzahler, für die meisten Pfleglinge kamen öffentliche Kassen ganz oder teilweise auf, sollten direkt in diese Anstalten hineinregieren dürfen, natürlich nach den Vorstellungen der NS-Gesundheits- und Sozialpolitik. Kam man dem nicht nach, dann wurden die Staatspfleglinge in staatliche Institutionen verlegt. Scheuern, eine Anstalt der Inneren Mission, unterstellte sich.

Hephata, ebenfalls Anstalt der Inneren Mission, tat dies nicht. Und bis 1939 wurden ihr trotz staatstragender Bekenntnisse Hunderte Pfleglinge weggenommen.[34] Am 19. 10. 1937 fand in Wiesbaden zwischen dem Landeshauptmann der Provinz Hessen-Nassau Wilhelm Traupel und dem Präsidenten des Centralausschusses der Inneren Mission eine Besprechung über die Anstaltsfrage statt. Am 9. November drohte Traupels Untergebener, Landesverwaltungsrat Fritz Bernotat vom Bezirksverband Nassau, den Nieder-Ramstädter Anstalten telefonisch: „Wir werden Ihnen innerhalb einer Woche die ganze Anstalt leeren, wenn Sie sich nicht unterstellen.“ Die Bedingungen waren: Eine drastische Senkung des Pflegesatzes und ein Verein für Volkspflege erhält die Führung, um das NS-Führerprinzip durchzusetzen. Der Senkung des Pflegesatzes wollte man nachkommen. Die Leitung der Anstalt quasi in NS-Hände zu übergeben, lehnte man ab. Darauf wurden alle auf Staatskosten untergebrachten Patienten (95 % von 600) unter Einhaltung der Kündigungsfristen in staatliche Einrichtungen abtransportiert.[35] Bemerkenswert ist, daß Fritz Bernotat für Nieder-Ramstadt nicht zuständig war. Sein Tun kam einer Amtsanmaßung gleich. Diese ist aber relativierbar. Fritz Bernotat, ursprünglich ein unbedeutender Mitarbeiter beim Bezirksverband, war 1928 Mitglied der NSDAP und 1931 der SS geworden. Nach der „Machtergreifung“ leitete er einige Zeit das „politische Büro“ im Landeshaus in Wiesbaden. In der Folge stieg er unter der Protektion des Landeshauptmanns und SS-Standartenführers

33 LWV-Archiv (Bestand Heppenheim): Tagebuch
34 Klee (1983) 66 ff.
35 Klee (1983) 70 f.

Wilhelm Traupel zum Anstaltsdezernenten auf. 1936 wollte er schon Kranke „umlegen". Später hat er, ab 1940 war er für die Gesamtprovinz zuständig, persönlich engagiert und sehr eifrig die „Euthanasie" in seinem Gebiet betrieben. Nieder-Ramstadt lag im gleichen NS-Gau, dem Fritz Bernotat zugehörte. Der Gauleiter war zugleich Chef der Darmstädter Landesregierung und ihm persönlich bekannt. Es ist sehr wahrscheinlich, daß Fritz Bernotat im Einvernehmen mit Gauleiter Sprenger agierte.[36] Die Verlegungen wurden dann auch regulär durch einen vertraulichen Erlaß des Reichsstatthalters in Hessen, Landesregierung, an die hessischen Kreisämter und Oberbürgermeister (Bezirksfürsorgeverbände) vom 23. 3. 1938 angeordnet:

> „Zur Durchführung einer Planwirtschaft in der Belegung der obengenannten Anstalten sind folgende Maßnahmen mit sofortiger Wirkung durchzuführen: Die in den Nieder-Ramstädter Anstalten und in der Zweiganstalt Jugendheim in Rheinhessen untergebrachten Pfleglinge, deren Pflegekosten ganz oder teilweise von hessischen Bezirksfürsorgeverbänden oder Gemeinden aufgebracht werden, sind alsbald in staatliche Anstalten zu überführen. Die Erwachsenen sind in den vier hessischen Heil- und Pflegeanstalten unterzubringen, die Jugendlichen in der Heilerziehungs- und Pflegeanstalt Scheuern bei Nassau/L. oder in der Heilerziehungsanstalt Kalmenhof in Idstein/Taunus. Die Überführung ist mit der Leitung der in Aussicht genommenen hessischen Landes-Heil- und Pflegeanstalt unmittelbar zu vereinbaren.
>
> Die Verlegung muß bis *1. Mai 1938* restlos durchgeführt sein. (...) Als Endziel dieser Maßnahmen ist demnächst eine allgemeine Herabsetzung des Pflegegeldes in den hessischen Heil- und Pflegeanstalten zu erwarten. (...)"[37]

Der Termin wurde nicht eingehalten. So verzeichnete Heppenheim für den 13. 5. 1938 die erste und für Ende Februar 1939 die zweite und letzte derartige Verlegungsaktion.[38]

Die Anstalt stellte sich im folgenden auf Alterssieche und chronisch Kranke um. Die wegverlegten Kranken fielen zumindest teilweise der „Euthanasie" zum Opfer.[39] Dennoch wurde Nieder-Ramstadt von der „T 4" erfaßt. Auf ihrer Liste zum Stichtag 31. 8. 1941 erscheint die Anstalt mit 430 Betten. Eine Zahl für die Fragebogen fehlt allerdings. Zumindest aber in einem Einzelfall steht fest, daß von dort am 25. 4. 1941 eine altersschwache Frau nach Goddelau und anschließend über Scheuern nach Hadamar verlegt wurde, wo sie laut der

36 Hamann (1985) 159 f.; Stöffler (1961) 305 f.

37 LWV-Archiv (Bestand Heppenheim): „Auflösung von Behörden": Erlaß vom 21. 3. 1938 (Nr. III G. 5768)

38 LWV-Archiv (Bestand Heppenheim): Tagebuch

39 Klee (1983) 71 und 472. Anmerkung 195

Todesnachricht am 4. 6. 1941 getötet wurde.[40] Weitere Opfer sind nicht auszuschließen.

Im September 1941 wurde der Anstaltsleiter, Pfarrer Schneider, verhaftet, weil er eine Geisteskranke staatlichem Zugriff entzogen haben sollte. Nach seiner Entlassung im November erhielt er Aufenthaltsverbot für seinen Dienstbereich. Zugleich wurde der ärztliche Leiter abgesetzt und durch zwei ärztliche Staatskommissare ersetzt. Die Gleichschaltung war perfekt.[41] Ende 1941 befand sich in der Anstalt ein Ausweichkrankenhaus mit 120 Betten. Mitte 1943 hat Nieder-Ramstadt nach einer „T 4"-Aufstellung eine Höchstbettenzahl von 540 und beim Krankenhaus eine Belegung von 86 und 108 Tbc-Kranke (Zwangsasylierte?).[42]

Das *Schloßbergsanatorium in Alsbach a.d. Bergstraße* war zumindest planerisch erfaßt.[43] Ob von dort Patienten der Tötung zugeführt worden sind, kann ohne Kenntnis der dortigen Unterlagen nicht entschieden werden. Es gibt Gründe, die dagegen sprechen.

Von der *Landesheil- und Pflegeanstalt Alzey* wurden 1941 Patienten über Weilmünster und Scheuern nach Hadamar verlegt und dort getötet.[44] Davor gab es Verlegungen nach Heppenheim und von Goddelau nach Alzey[45], bei denen indirekt Zusammenhänge mit der „Euthanasie"-Aktion zu vermuten sind.

Das *Landes-Alters- und Pflegeheim in Darmstadt-Eberstadt* ging 1939 in militärische Hände über. In diesem Zusammenhang ist die größte Zahl der Patienten in andere Einrichtungen (u. a. Heppenheim)[46] verlegt worden. Nachdem das Heim 1940 wieder in vollem Umfang für Zivilpfleglinge zur Verfügung stand, wurden Patienten zum größten Teil zurückverlegt.[47] 1941

40 ZSL: HD 125291–125334 (Liste der deutschen Anstalten für Geisteskranke und Schwachsinnige per 31. 8. 1941) hier: 125297/1; Anklageschrift der Generalstaatsanwaltschaft Frankfurt/M. Js 17/59 gegen Heyde und andere, S. 358: Einzelfallschilderung über Opfer, das von Nieder-Ramstadt über Goddelau und Scheuern nach Hadamar kam.

41 Klee (1983) 472. Anmerkung 195

42 ZSL: HD 126846–126865 (Übersicht über die Verteilung der in Heil- und Pflegeanstalten nicht mehr für Geisteskranke verwendeten Betten) hier: 126862 (Mitteilung vom 9. 1. 1942); ZSL: HD 127776–127797 (Abteilung Planung, 3. 8. 1943: Anstalten, die vollständig oder teilweise einem Kriegszweck dienen) hier: 127784

43 ZSL: HD 125291–125334 (Liste der deutschen Anstalten für Geisteskranke und Schwachsinnige per 31. 8. 1941) hier: 125297/1

44 Roer/Henkel (1986) 86

45 LWV-Archiv (Bestand Heppenheim): Tagebuch; Kaminer (1983) 13

46 LWV-Archiv (Bestand Heppenheim): „Übernahme von Kranken aus dem Alters- und Pflegeheim Darmstadt/Eberstadt": Schreiben der Direktion Darmstadt/Eberstadt an Anstalt Hp. vom 29. 8. 1939, angeheftet: 6 Listen; LWV-Archiv (Bestand Heppenheim): Tagebuch

47 LWV-Archiv (Bestand Heppenheim): „Übernahme von Kranken aus dem Alters- und Pflegeheim

wurden Patienten von Darmstadt-Eberstadt über den Eichberg nach Hadamar verlegt und dort vernichtet.[48]

Nach dem *Landes- Alters- und Pflegeheim in Gießen* wurden 1940 Patienten aus Alzey und Heppenheim verlegt. 1941 erfolgten von dort Vernichtungstransporte über Weilmünster nach Hadamar.[49]

Aus dem *„Ohly-Stift" in Gräfenhausen* bei Darmstadt und dem *Landes-Alters- und Pflegeheim Heidesheim* wurden die Patienten verlegt, um die Einrichtungen als Mädchenerziehungsheim[50] bzw. Lazarett[51] nutzen zu können. Nach dem bisherigen Erkenntnisstand kann man davon ausgehen, daß die Räumung der Einrichtungen nicht mit der zielgerichteten Verlegung der Patienten zur Vernichtung verbunden war. Diese Annahme schließt „Euthanasie"-Opfer auch aus diesem Patientenkreis nicht aus.

Darmstadt/Eberstadt": Erlaß des Reichsstatthalters/Landesregierung (Nr. III G 12540) vom 31. 10. 1940; LWV-Archiv (Bestand Heppenheim): Tagebuch

48 Roer/Henkel (1986) 86

49 LWV-Archiv (Bestand Heppenheim): Tagebuch; LWV-Archiv (Bestand Heppenheim): „Übernahme von Pfleglingen aus anderen Anstalten": Liste Alzey vom 17. 5. 1940, Liste Hp. vom 31. 5. 1940, undatierte Liste (30. 5. 1940); Roer/Henkel (1986) 86

50 ZSL: HD 125291–125334 (Liste der deutschen Anstalten für Geisteskranke und Schwachsinnige per 31. 8. 1941) hier: 125297/2; ZSL: HD 127805–127816 (Planung, 23. 7. 1943: Ausgeschiedene Anstalten) hier: 127808, vgl. auch 127816

51 ZSL: HD 125291–125334 (Liste der deutschen Anstalten für Geisteskranke und Schwachsinnige per 31. 8. 1941) hier 125297/2; ZSL: HD 126846–126865 (Übersicht über die Verteilung der in Heil- und Pflegeanstalten nicht mehr für Geisteskranke verwendeten Betten) hier: 126863 (lt. Schreiben vom 13. 12. 1941); ZSL: HD 127776–127797 (Abteilung Planung, 3. 8. 1943: Anstalten, die vollständig oder teilweise einem Kriegszweck dienen) hier: 127784

Literatur

ALY, G. (1985) Medizin gegen Unbrauchbare. In: Beiträge zur nationalsozialistischen Gesundheits- und Sozialpolitik (1985) I. Aussonderung und Tod. Die klinische Hinrichtung der Unbrauchbaren. Berlin. 9–74

CHROUST, P. (1987) Friedrich Mennecke. Innenansichten eines medizinischen Täters im Nationalsozialismus. Eine Edition seiner Briefe. Hamburg

HAMANN, M. (1985) Die Morde an polnischen und sowjetischen Zwangsarbeitern in deutschen Anstalten. In: Beiträge zur nationalsozialistischen Gesundheits- und Sozialpolitik (1985) I. Aussonderung und Tod. Die klinische Hinrichtung der Unbrauchbaren. Berlin. 121–187

ILBERG, G./LAEHR, H. (1937) Die Anstalten für Geisteskranke, Nervenkranke, Schwachsinnige, Epileptische, Trunksüchtige usw. in Deutschland, Österreich und der Schweiz einschließlich der psychiatrischen und neurologischen Institute (9. Auflage). In: Zeitschrift für Psychiatrie und psychischgerichtliche Medizin. Band 106

KAMINER, I. (1983) Das Philippshospital während des Nationalsozialismus. Versuch einer Rekonstruktion. Unveröffentlichtes Manuskript

KLEE, E. (1983), „Euthanasie" im NS-Staat. Die „Vernichtung lebensunwerten Lebens". Frankfurt/M.

PLAUM, F. (1982) Psychiatrie in der Zeit des Dritten Reichs und ihre Folgen. In: Sozialpsychiatrische Informationen 12 (1982) 18 ff.

ROER, D./HENKEL, D. (1986) Psychiatrie im Faschismus. Die Anstalt Hadamar 1933 bis 1945. Bonn

RUECKLEBEN, H. (1981) Deportation und Tötung von Geisteskranken aus den Badischen Anstalten der Inneren Mission Kork und Mosbach. Karlsruhe

SAUER, P. (Hg.) (1966) Dokumente über die Verfolgung der jüdischen Bürger in Baden-Württemberg durch das nationalsozialistische Regime 1933–1945. Stuttgart

STOEFFLER, F. (1961) Die „Euthanasie" und die Haltung der Bischöfe im hessischen Raum 1940–1945. In: Archiv für Mittelrheinische Kirchengeschichte. Band 13 (1961) 301 ff. Nachdruck in: Landeswohlfahrtsverband Hessen (Hg.) (1987) Mensch – achte den Menschen. 2. Auflage. Kassel

INGRID KRUPP / GUNNAR RICHTER

Gedenkstätten stellen ihre Arbeit vor

Zur Situation der Gedenkstätten in der Bundesrepublik Deutschland

Wir möchten aus unserer konkreten Arbeit in Gedenkstätten berichten, Fragen und Probleme aufzeigen, die sich aus dieser Arbeit ergeben.

Um die Gedenkstättenarbeit in einem größeren Zusammenhang sehen zu können, möchten wir zunächst einige Aspekte zur Situation der Gedenkstätten in der Bundesrepublik herausgreifen und erläutern:

In der Bundesrepublik gibt es derzeit 11 Gedenkstätten an Orten ehemaliger Konzentrationslager und anderer Verfolgungsstätten mit Dokumentations- und Informationseinrichtung.[1] Im einzelnen sind dies: Gedenkstätte Neuengamme/Hamburg; Dokumentations- und Informationszentrum Emslandlager/Papenburg; Alte Synagoge Essen; Gedenkstätte Wewelsburg/bei Paderborn; Verein an der Synagoge/Bonn; Gedenkstätte Mönchberg/Hadamar; Oberer Kuhberg/Ulm; Dachau; Flossenbürg; Bergen-Belsen; Gedenkstätte Breitenau.

Mit Ausnahme von einigen wenigen (Dachau, Flossenbürg, Bergen-Belsen) sind es sehr junge Einrichtungen, die erst in den letzten fünf bis zehn Jahren entstanden sind und die meist auf die Initiative von einzelnen (Forschungs-) Gruppen zurückgehen.

In diesen Gedenkstätten arbeiten u. a. wissenschaftlich-pädagogische Mitarbeiter (häufig arbeitslose Lehrer auf ABM-Basis), die z. T. noch von freiwilligen Mitarbeitern unterstützt werden.

Neben diesen aufgeführten Gedenkstätten gibt es in der Bundesrepublik noch etwa 40 Gedenkstätteninitiativen, die sich mit der Planung von regionalen Einrichtungen befassen. Seit etwa vier Jahren existiert in diesem Zusammenhang bei der Aktion Sühnezeichen/Friedensdienste e. V. ein „Gedenkstättenreferat", das die Arbeit der Gedenkstätten und -initiativen koordiniert und regelmäßige, halbjährliche bundesweite Seminare durchführt.

Im Gegensatz zu den ersten Gedenkstätten der 50er und 60er Jahre, die, wie DIETFRID KRAUSE-VILMAR in seinem Aufsatz „Zum Umgang mit dem

1 BUNDESZENTRALE (1987)

Nationalsozialismus an den Orten des Schreckens"[2] schreibt, „sprachlose Zeugnisse (waren), meist steinerne Monumente, die inmitten riesiger Rasenflächen standen, eher Mahnmale als Orte, an denen informiert oder gesprochen wurde", wird in diesen Gedenkstätten die Geschichte und das Leiden der Verfolgten thematisiert.

Den Besuchern wird die Möglichkeit gegeben, sich über die Geschehnisse während der NS-Zeit zu informieren. Hierzu werden von den Gedenkstätten Ausstellungen angefertigt, Zeitzeugen befragt und Dokumente zur Geschichte des jeweiligen Ortes gesammelt. Eine weitere Aufgabe liegt in der pädagogischen Betreuung von Besuchergruppen und dem Versuch, unterschiedliche Möglichkeiten aufzuzeigen, sich mit dem Thema Nationalsozialismus auseinanderzusetzen.

Daß die Gedenkstätten diese neue Form angenommen haben, ist sicherlich mit darauf zurückzuführen, daß in den letzten zehn Jahren die Beschäftigung mit dem Thema Nationalsozialismus zugenommen hat (z. B. durch die Schülerwettbewerbe, durch Schul- und Hochschulprojekte, in regionalen Geschichtswerkstätten). Bedingt wurde dies aber auch dadurch, daß die NS-Zeit in den Nachkriegsjahren weitgehend tabuisiert war, die Nachkriegsgeneration jedoch ein Bedürfnis hatte, genaueres zu erfahren. Die Umgestaltung der Gedenkstätten (und die damit verbundene Suche nach neuen Formen der Auseinandersetzung) ist aber auch als ein Versuch zu sehen, sich einer neuen Generation von Gedenkstättenbesuchern anzunehmen:

Während es für die Nachkriegsgeneration noch die persönlichen Bezüge zum Thema Nationalsozialismus über die Eltern oder die Großeltern gab, die Kindheit sich in Trümmergrundstücken abspielte, die wirtschaftlichen Auswirkungen des Krieges noch in jeder Familie zu spüren waren, existieren für die heutigen Jugendlichen diese unmittelbaren persönlichen Bezüge nicht mehr. „Anders als die Generation der Verfolgten, die zu uns sprach und bei der die Geschichte unvergeßlich ihnen eingeprägt war", schreibt DIETFRID KRAUSE-VILMAR, „bedürfen Jugendliche heute der ‚Übersetzung' des Geschehens in ihre Lebenswelt, der Kommentierung und der Information".[3]

Durch die Veränderungen der Gedenkstätten sollten den Jugendlichen Hilfestellungen gegeben werden, eigene Zugangsmöglichkeiten zum Thema Nationalsozialismus zu finden. Die Auseinandersetzung mit Einzelschicksalen, das regionalgeschichtliche Arbeiten, das „entdeckend-forschende" Lernen sowie die Einbeziehung von Gegenwartsfragen sind hierbei wichtige positive Ansätze, die es weiter zu vertiefen und ergänzen gilt.

Diese Zugangsmöglichkeiten sollen es den Jugendlichen erleichtern, Bezüge

2 KRAUSE-VILMAR (1987) 358
3 KRAUSE-VILMAR (1987) 358

zu sich selbst herzustellen – andernfalls kann es dahin kommen, daß sie in der Beschäftigung mit dem Nationalsozialismus nur noch eine reine Informationsangelegenheit sehen und eine persönliche Auseinandersetzung nicht mehr stattfindet.

Gerade diese *persönliche* Auseinandersetzung muß jedoch angestrebt werden, da die Beschäftigung mit dem Nationalsozialismus, über die historischen Daten und Ereignisse hinaus, Fragen und Probleme aufwirft, die heute noch wichtig und ungelöst sind. Als umgreifende Frage könnte man die nach dem Umgang des Menschen mit dem Menschen nennen. In Anlehnung an TH. W. ADORNOS Aufsatz „Erziehung nach Auschwitz“[4] ließe sich sagen, daß derjenige, der sich mit dem Menschen auseinandersetzen will, den Nationalsozialismus studieren muß. Hinter der Beschäftigung damit stehen Fragen der Menschenwürde, Gleichberechtigung und Toleranz.

Gedenkstätte Breitenau, Guxhagen

Die Gedenkstätte Breitenau wurde im August 1984 mit Unterstützung des Landeswohlfahrtsverbandes Hessen von der Gesamthochschule Kassel in Guxhagen (Schwalm-Eder-Kreis) eingerichtet.[5] Sie befindet sich auf dem Gelände des Psychiatrischen Krankenhauses Guxhagen und soll an die Opfer des ehemaligen Konzentrationslagers (1933–1934)[6] und späteren Arbeitserziehungs- und Konzentrationssammellagers Breitenau (1940–1945)[7] erinnern.

Eine Besonderheit dieser Gedenkstätte ist ihre enge Verknüpfung von wissenschaftlicher und pädagogischer Arbeit sowie die Zusammenarbeit mit einer Hochschule, wodurch die Arbeit in der Gedenkstätte in einen laufenden Forschungsprozeß einbezogen ist. Durch diese Verbindung hat die Gedenkstätte einen sehr lebendigen Charakter:

Die von der Ausstellung und durch die Betreuer vermittelten Informationen sind nicht endgültig abgeschlossen, sondern werden durch weitere Erkenntnisse vertieft und ergänzt. Dem Besucher wird dadurch die Möglichkeit gegeben, an einem Prozeß der Auseinandersetzung teilzuhaben. Er wird nicht mit einer „fertigen“ Ausstellung konfrontiert, sondern erhält Einblicke in die laufende Bearbeitung und Anregungen, sich in einer ähnlichen Form mit der damaligen Zeit auseinanderzusetzen. In diesem Sinne hat die Gedenkstätte schon mehrere Spurensicherungsprojekte von Schülern unterstützt. Zwei

4 ADORNO (1970)
5 BUNDESZENTRALE (Hg.) (1987); GESAMTHOCHSCHULE KASSEL (Hg.) (1984)
6 KRAUSE-VILMAR (1983)
7 WILTSCH/KRAUSE-VILMAR (1984)

dieser Arbeiten sind in einer eigenen Schriftenreihe[8] erschienen.[9] Die Einbeziehung dieses prozeßhaften Charakters erscheint auch deshalb wichtig, da bei der Beschäftigung mit der NS-Zeit eine kontinuierliche Auseinandersetzung angestrebt werden sollte.

Eine grundlegende Aufgabe der Gedenkstätte Breitenau ist die Würdigung der Opfer des NS-Regimes. Aus diesem Grund kommt der Betreuung ehemaliger Häftlinge und dem Gespräch mit ihnen eine besondere Bedeutung zu. Viele von ihnen empfinden es als eine – wenn auch späte – Anerkennung ihrer damaligen Leiden, die zum Teil bis in die Gegenwart nachwirken.

Die Gespräche mit den ehemaligen Gefangenen tragen außerdem dazu bei, die Forschungen über das Lager Breitenau zu vertiefen und zu ergänzen.[10] Die Mitarbeiter der Gedenkstätte versuchen weiterhin, mit Betroffenen im In- und Ausland in Kontakt zu treten. Einige der Gespräche sind in einer Veröffentlichung der Gedenkstätte nachzulesen.[11]

Ein weiterer wichtiger Schwerpunkt der Gedenkstättenarbeit in Breitenau ist die Betreuung von Schülern und anderen Besuchergruppen. Insbesondere zur Betreuung von Schulklassen wurden der Gedenkstätte vom Museumspädagogischen Dienst beim Hessischen Kultusminister zwei Lehrkräfte zugewiesen, deren Aufgabe es ist, gemeinsam mit den anderen Mitarbeitern der Gedenkstätte, eine pädagogisch und fachlich qualifizierte Betreuung zu gewährleisten. Sie wirken außerdem mit an der Ausgestaltung der pädagogischen Konzeption der Gedenkstätte[12] und an der Durchführung von Seminaren in Zusammenarbeit mit dem Hessischen Institut für Lehrerfortbildung.

Die Betreuung der Besucher soll dazu beitragen, sie zu einer persönlichen Auseinandersetzung mit dem damaligen Geschehen anzuregen. Gleichzeitig sollen – vor allem für jugendliche Besucher – Zugangsmöglichkeiten zu der Thematik eröffnet werden. Hierbei kommt dem Gespräch mit den Betreuern eine große Bedeutung zu.

Damit sich die Besucher ein eigenes Urteil über das damalige Geschehen bilden können, sind in der Gedenkstätte nicht nur ausgewählte Originale ausgelegt, sondern es wurde auch eine umfangreiche Dokumentensammlung aus Kopien zusammengestellt, mit der Besucher arbeiten können. Ergänzt wird dieses Angebot durch eine Handbibliothek mit regionaler und überregionaler Literatur zum Thema Nationalsozialismus sowie durch ein Medienarchiv.

Das dargestellte Angebot soll weiter ergänzt und ausgebaut werden. Den Besuchern soll es ermöglicht werden, sich in der Gedenkstätte umfassend über

8 Gesamthochschule Kassel (seit 1983)
9 Heither (1984); Krenkel (1985)
10 Krause-Vilmar (1982)
11 Dillmann (1986)
12 Richter (1986)

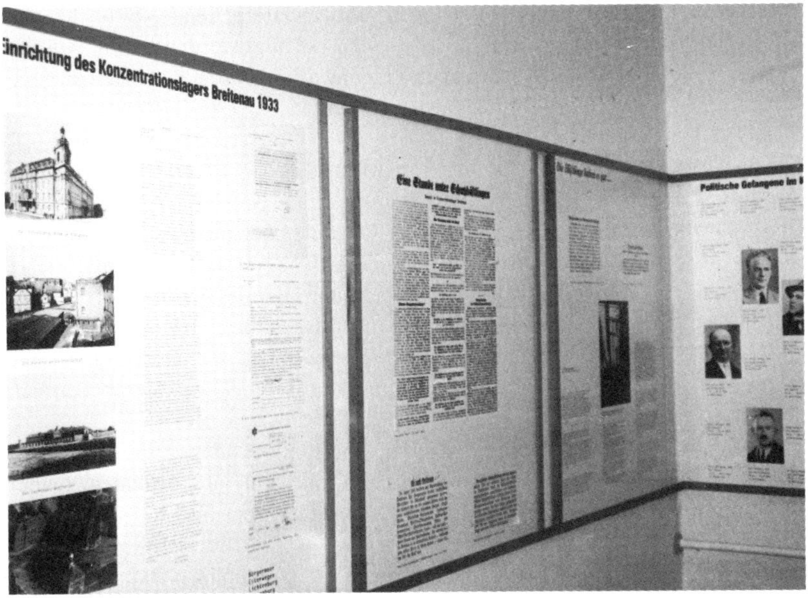
Einrichtung des Konzentrationslagers Breitenau 1933
Politische Gefangene im

Abb. Nr. 13

die Geschichte Breitenaus, aber auch über weitergehende Bereiche des Nationalsozialismus zu informieren; sie sollen befähigt werden, in die Auseinandersetzung mit der Geschichte auch Gegenwartsfragen einzubeziehen.

Gedenkstätte Mönchberg, Hadamar

Über die NS-Zeit zu sprechen, bedeutet für viele, nur unangenehme Erinnerungen zu wecken. Gedenkstätten nehmen sich in verstärktem Maße dieses unrühmlichen Kapitels deutscher Geschichte an. Dokumente und Forschungsergebnisse sind spärlich, da erst jetzt das Interesse an der jüngsten Vergangenheit erstarkt und die Stimmen immer lauter werden, die nach Stätten des Gedenkens rufen, damit niemand vergißt und das schreckliche Geschehen sich nicht wiederholen kann.

Nach dem Zweiten Weltkrieg wollten die meisten das alles verdrängen, nicht darüber reden, schweigend wiedergutmachen und völlig neu beginnen. Daher sind Originalschauplätze nur noch an wenigen Orten zu finden. Hadamar ist einer von ihnen.

Bereits seit 1953 weist eine Gedächtnistafel in der damaligen Haupteingangshalle auf die Geschehnisse hin[13], 1964 wurden ein Obelisk mit der Aufschrift „Mensch – achte den Menschen" und symbolische Grabsteine aufgestellt und der Ehrenfriedhof eingeweiht[14]. 1983 kam eine Foto- und Schrifttafel-Ausstellung in den Kellerräumen neben der ehemaligen Gaskammer hinzu[15]; eine Erweiterung der Ausstellung wird folgen.

Die Gedenkstätte besuchen hauptsächlich Schulklassen der Mittel- und Oberstufen, Ärzte, Sozialarbeiter, Krankenpflegeschulen, kirchliche und freie Jugendorganisationen, Institutionen der Erwachsenenbildung, Kirchengemeinden, Synoden, Ordensleute, Juristen, Vereine, private Gruppen und Einzelpersonen, aber auch Patienten des Hauses. Der Einzugsbereich ist entsprechend der früheren Verlegungsmethoden sehr groß, so daß die Besucher nicht nur aus dem Raum Limburg, Gießen, Wetzlar und dem Rhein-Main-Gebiet kommen. Angehörige ehemaliger Opfer, auch wenn diese überlebt haben, kommen in regelmäßigen Abständen, um den Ort des Geschehens zu besichtigen. Eine überregionale Pressemitteilung, in der der Name Hadamar fällt, verstärkt den Zustrom übrigens ebenso wie entsprechende Diskussionen zum Thema Wiedergutmachung.

Zu den Gedenkstättenbesuchern gehören ebenso ausländische Gäste, häufig

13 Stöffler (1957); Landeswohlfahrtsverband Hessen (Hg.) (1985) 27 und 72
14 Landeswohlfahrtsverband Hessen (Hg.) (1985) 7–11, 68–71
15 Landeswohlfahrtsverband Hessen (Hg.) (1985) 73–75

Abb. Nr. 14

junge Leute aus Frankreich, Israel, Indien, Pakistan, der Türkei oder den Niederlanden, die zugleich wegen der in der Ägidienkirche befindlichen Gruft der Fürsten von Nassau-Hadamar anreisen.

Die Reaktion auf die Gedenkstätte ist einhellig positiv, bisher haben sich Presse, Privatpersonen oder Institutionen nur in zustimmender Weise geäußert und die geplante Erweiterung begrüßt.

Zur Einführung in die Thematik wird derzeit ein 30-minütiger Film gezeigt, danach folgt ein speziell auf das Interesse der Besucher ausgerichteter Kurzvortrag zur Geschichte des Hauses, der NS-Zeit und den Abläufen während der beiden Vernichtungsphasen. Danach werden die Originalschauplätze und die derzeitige Ausstellung in den Kellerräumen des Krankenhauses gezeigt. Eine Besichtigung des Friedhofs und der Gedächtnistafel schließen sich daran an, auf Wunsch gibt es ferner eine abschließende Aussprache. Es hat sich als günstig erwiesen, nach einer knappen örtlichen Einweisung mit der Vorführung eines Films zu beginnen, da eine solche Vorbereitung am anschaulichsten in das Thema einführt. Wünschenswert wäre eine auf die speziellen Belange der Gedenkstätte zugeschnittene Broschüre; derzeit gibt es lediglich ein kleines Faltblatt[16]. Für Gruppen oder Schulklassen, die nur über ein Stundenkontingent oder einen Wandertag verfügen, ist die Zeiteinteilung ein ernsthaftes Problem, das mit Arbeitsheften, Spezialprogrammen und Lehrerfortbildungsseminaren in den erweiterten Ausstellungsräumen gelöst werden kann. Erfahrungsgemäß kommen alle „schnellen" Besucher, die per Zufall von der Existenz der Gedenkstätte erfahren haben, in absehbarer Zeit wieder, um sich umfassend zu informieren.

Interessant ist ferner die Reaktion der Patienten. Im Haus 5 leben psychisch kranke alte Menschen, die zum Teil damals bereits hier waren. Alle Gedenkstättenbesucher werden von ihnen scharf beobachtet, ob sie auch wieder aus dem Keller herauskommen, in dem sich die Ausstellung und die ehemalige Gaskammer befinden. Manche fragen auch direkt, ob „das" nicht doch irgendwann wieder gemacht wird. Es hilft also auch den Patienten, ihre Ängste zu verlieren, wenn sie sehen, daß viele Leute freiwillig hineingehen und wieder lebend herauskommen. Für Patienten bieten wir in Begleitung eines Pflegers extra Führungen an, die rege genutzt werden.

Die zentrale Aufgabe der Gedenkstätte Mönchberg sehe ich darin, die Ereignisse im „Dritten Reich" wissenschaftlich abgesichert darzustellen, ohne Emotionen und Tendenzen, damit die Besucher eine klare Vorstellung davon erhalten, was sich hier abgespielt hat. Dann bleibt für Gerüchte kein Raum mehr. Dies bedeutet, daß man gleichzeitig pädagogisch verwertbare Konzepte anbietet, Unterstützung für wissenschaftliche Arbeiten gewährt und den Bürgern der Stadt ihre Geschichte wertfrei nahe bringt.

16 Landeswohlfahrtsverband Hessen (Hg.) (1985)

Die Gedenkstätte hat neben der Vermittlung historischer Fakten die Aufgabe zu erfüllen, eine Begegnungsstätte zu sein, an der aus dem Geschehenen gelernt und aktuelle Fragen unserer Zeit diskutiert werden können, nicht umsonst ist die Gedenkstätte Mönchberg in ein Psychiatrisches Krankenhaus integriert als ein Teil seiner Geschichte.

Literatur

Adorno, Th. W. (1970), Erziehung nach Auschwitz. In: Ders. (1970) Stichworte, Kritische Modelle 2. Frankfurt/M., 3. Auflage

Bundeszentrale fuer politische Bildung (Hg.) (1987) Gedenkstätten für die Opfer des Nationalsozialismus. Eine Dokumentation. Band 245. Bonn

Dillmann, J. u. a. (1986) Mauern des Schweigens durchbrechen. Die Gedenkstätte Breitenau. Kassel

Gesamthochschule Kassel (Hg.) (seit 1983) Nationalsozialismus in Nordhessen. Schriften zur regionalen Zeitgeschichte. Kassel

Gesamthochschule Kassel (Hg.) (1984) Erinnern an Breitenau 1933–1945. Katalog zur Ausstellung. 4. Auflage. Kassel.

Heither, D. u. a. (1984) Als jüdische Schülerin entlassen. Erinnerungen und Dokumente zur Geschichte der Heinrich-Schütz-Schule in Kassel. Kassel

Krause-Vilmar, D. (1982) Das zeitgenössische Wissen um die NS-Konzentrationslager, an einem Beispiel aus dem Regierungsbezirk Kassel. In: Garlichs, A. u. a. (1982) (Hg.) Unterrichtet wird auch morgen noch. Königstein i.T.

Krause-Vilmar, D. (1983) Das Konzentrationslager Breitenau 1933/34. In: Hennig, E. (1983) Hessen unterm Hakenkreuz. Frankfurt/M.

Krause-Vilmar, D. (1987) Zum Umgang mit dem Nationalsozialismus an den Orten des Schreckens. In: Becker, H. u. a. (Hg.) (1987) Neue Sammlung. Vierteljahres-Zeitschrift für Erziehung und Gesellschaft. Heft 3. Stuttgart

Krenkel, E. u. a. (1985) Lebensskizzen kriegsgefangener und zwangsverpflichteter Ausländer im Raum Fritzlar-Ziegenhain 1940–1943. Kassel

Landeswohlfahrtsverband Hessen (Hg.) (1985) Mensch – achte den Menschen. Frühe Texte über die Euthanasieverbrechen der Nationalsozialisten in Hessen und Gedenkstätten für die Opfer. 1. Auflage. Kassel

Landeswohlfahrtsverband Hessen (Hg.) (1985) Gedenkstätte „Mönchberg“, Hadamar (auch in englischer und französischer Sprache). 1. Auflage. Kassel

RICHTER, G. u.a. (1986) Die Gedenkstätte Breitenau im Schwalm-Eder-Kreis. Informationen und pädagogische Anregungen für einen Besuch vor Ort. Kassel

STÖFFLER, F. (1957) Das Erbe. In: LANDESWOHLFAHRTSVERBAND HESSEN (Hg.) (1957) Die Psychiatrischen Krankenhäuser des Landeswohlfahrtsverbandes Hessen. Kassel. 14–25

WILTSCH, H./KRAUSE-VILMAR, D. (1984) Das Arbeitserziehungs- und Konzentrationssammellager Breitenau 1940–1945. In: DIE GRÜNEN IN HESSEN u. a. (1984) (Hg.) Hessen hinter Stacheldraht. Frankfurt/M.

ALBERT-PETER DONSBACH / BETTINA WINTER

„Euthanasie" im Dritten Reich – Ein Thema für die Schule?

Die Ermordung von geistig und körperlich behinderten und schwachen Menschen und die Zwangssterilisierung von angeblich „Erbkranken" gehört zu den nationalsozialistischen Gewaltverbrechen, über die wenig oder gar kein konkretes Wissen in der Öffentlichkeit vorhanden ist. Die durch die amerikanische Fernsehserie „Holocaust" 1979 ausgelöste Bereitschaft zur Auseinandersetzung mit den Verbrechen der nationalsozialistischen Zeit führte zu einer intensiven Beschäftigung mit der Judenverfolgung. Die notwendige Erweiterung des Betrachtungsfeldes auf das Schicksal anderer verfolgter Gruppen, z. B. der durch die sogenannte Euthanasie ermordeten Menschen oder der in KZ's getöteten Zigeuner u. a. blieb leider auf breiter, der Öffentlichkeit und den Schulen zugängiger Ebene aus.

In den Lehrplänen der Schulen werden die „Euthanasie"-Maßnahmen, ihr Zustandekommen, das Schicksal der Opfer und die Geschichte der Täter, Helfer und Mitwisser nicht explizit angesprochen. An Unterrichtsmaterialien gibt es verschwindend wenig, in Schulbüchern wird nur kurz oder überhaupt nicht darüber berichtet.

Viele Fragen drängen sich auf: Ist „Euthanasie" im Dritten Reich überhaupt ein Thema für die Schule? Kann dieser Stoff adäquat vermittelt werden? – wenn ja, in welchen Jahrgängen, Fächern und Schulen und unter welchen thematischen Aspekten? Können Schülerinnen und Schüler sich mit dem schwierigen Themenkomplex „nationalsozialistische Verbrechen an Geisteskranken" auseinandersetzen, welcher Zugang ist der geeignetste und kann hier affektive Bereitschaft entwickelt werden?

In der Mittelstufe wird in den 9. und 10. Schuljahren und in der Oberstufe in den Jahrgängen 11 und 13 das Dritte Reich behandelt. Die mehrmalige Beschäftigung mit dem Nationalsozialismus erlaubt den Wechsel der Themenschwerpunkte zum Komplex NS-Verbrechen.

In den Krankenpflegeschulen bietet sich das Fach „Berufs-, Gesetzes- und Staatsbürgerkunde" zur Behandlung der sogenannten Euthanasie an, im besonderen die Bereiche „Berufskunde und Ethik" und „Geschichte des Berufs".

Hier soll der Versuch unternommen werden, Anregungen zu geben und

unterrichtliche Möglichkeiten zu entwickeln, um das Thema „Euthanasie" im Dritten Reich in der Mittel- und Oberstufe an allgemeinbildenden Schulen und in Krankenpflegeschulen aufzuarbeiten.
Kurz eine Skizze der möglichen Probleme:

- Sind die auch noch heute anzutreffenden Vorurteile gegen „Blöde", „Irre" und „Krüppel" nicht ein Hindernis, um sich in der Schule mit den Tötungen an körperlich und geistig behinderten Menschen unterrichtlich auseinanderzusetzen?
- Erscheint die Zahl der vergasten und durch Medikamente in Kombination mit Hungerkuren getöteten Patienten von ca. 70000 nicht gering gegenüber den 6 Millionen in KZ's ermordeter Juden?
- Hätte es ein ordentliches Gesetz zur Legitimierung der Tötung gegeben, ähnlich dem „Gesetz zur Verhütung erbkranken Nachwuchses" vom 14. 7. 1933, wären dann die Morde keine Morde mehr?

Im Dritten Reich wurden soziale Einrichtungen, die Betroffenen helfen sollten, zu Tötungseinrichtungen umfunktioniert. „Ballastexistenzen", „lebensunwertes Leben", „leere Menschenhülsen" wurden jene Menschen genannt, die nicht aktiv am gesellschaftlich relevanten Arbeitsprozeß teilnehmen konnten. Gnadenlos wurde nach dem Leistungsprinzip selektiert, hier wurde „krank und alt" als „unnütz und lebensunwert" definiert. Eine Verdrängung dieser geschichtlichen Tatsache ist nicht möglich. Durch die Behandlung dieses Themas in der Schule soll einer Verharmlosung der „Euthanasie"-Maßnahmen entgegengewirkt und den Schülerinnen und Schülern eine kritische und aufmerksame Bewertung des Gestern, Heute und Morgen ermöglicht werden.

Hilfen für den Unterricht an allgemeinbildenden Schulen

Dem Interesse von Schulklassen am Thema „Euthanasie" im Nationalsozialismus stehen im schulischen Bereich fehlende Unterrichtsmaterialien und -werke gegenüber: Es mangelt an Schülermaterialien, Sachinformationen und didaktisch-methodischen Hilfen für die Lehrer/innen. „Euthanasie" im Dritten Reich ist heute ein Thema für die Schule, daran besteht kein Zweifel mehr. Die NS-Gesundheitspolitik (Ausgrenzung der Schwachen bis zur Vernichtung und Förderung der Starken) war gezielte Rassenpolitik und gehörte zum Gesamterscheinungsbild des Nationalsozialismus in Deutschland in den Jahren 1933 bis 1945. Sie führte von der Sterilisationsgesetzgebung 1933 bis zur geheimen „Euthanasie" an über 70000 Menschen und endete im Holocaust an den europäischen Juden. Obwohl die Relevanz des Themas für die Schule deutlich ist, ergeben sich doch einige andere Probleme bei der unterrichtlichen

Betroffenheit bei den Siebtkläßlern

Patenschaft fürs Rosenbeet führte zum Thema NS-Euthanasie im Unterricht / Eichberg-Besuch

Die Schülerinnen und Schüler der Klasse 7 der Adalbert-Stifter-Schule Wiesbaden wußten sehr genau, wovon bei der Gedenkstunde in der Kapelle des Eichbergs die Rede war. Im Unterricht hatten sie sich mit den Verbrechen des Dritten Reiches gründlich auseinandergesetzt. Zwar ist dieses Thema eigentlich erst für die 9. Klasse vorgesehen, doch ihr Klassenlehrer Hans Jürgen Herbst zog die Thematik vor – aus aktuellem Anlaß.

Er hatte in der Zeitung gelesen, daß die Klinik nach „Paten" für das Rosenbeet sucht und setzte sich mit dem Eichberg in Verbindung. Und im Rückblick auf die Erfahrungen, die die Klasse beim Umgang mit diesem Kapitel der Geschichte sammelte, meint er, es sei geglückt, den 14- bis 15jährigen die historische Wirklichkeit nahezubringen.

Betroffenheit habe sich breitgemacht im Klassenzimmer, nicht zuletzt deshalb, weil Kinder auch Ereignisse aus ihrer eigenen Familiengeschichte im Unterrichtsgespräch einbrachten.

Zum vorbereitenden Unterricht gehörte auch ein Besuch in den Psychiatrischen Kliniken Eichberg, der schon vor einiger Zeit stattfand. Damals hörten sie einen Vortrag, lernten sie Geschichte an jenem Ort kennen, wo vor mehr als vier Jahrzehnten „staatlich sanktioniert gemordet worden ist", wie Lehrer Herbst es formuliert.

Für die Klasse blieb es nicht beim Kennenlernen der NS-Vergangenheit, sie diskutierte auch, daß jeder das Seine beitragen muß, um Unmenschlichkeiten künftig zu verhindern.

Stellvertretend für die Klasse brachte das die Schülerin Rena zum Ausdruck, als sie gemeinsam mit Irmgard Gaertner vom Landeswohlfahrtsverband und dem ärztlichen Direktor der Eichberg-Kliniken, Steffen Haas, die Gedenktafel an der alten Friedhofskapelle enthüllte.

Abb. Nr. 15

Umsetzung wie bei bekannteren Themen. Wir beschäftigen uns bei der „Euthanasie"-Thematik mit Opfer- und Tätergruppen, die mit anderen NS-Verbrechen nicht so leicht zu vergleichen sind.

Die Opfer:
Zwangssterilisiert, vernachlässigt, ausgegrenzt, diffamiert und getötet wurden unter der NS-Herrschaft Fürsorgezöglinge, Hilfsschüler, psychisch kranke und geistig behinderte Kinder, Frauen und Männer und auch körperlich behinderte Kinder wie etwa Taubstumme. Diese Menschen gehören auch heute noch in den meisten Fällen nicht in unseren gesellschaftlichen Alltag: Sie sind in Heimen, Sonderschulen oder Krankenhäusern, einige – häufig von der Gesellschaft isoliert – bei ihren Verwandten. Im Kindergarten und in der Schule ist es den Kindern deshalb kaum möglich, gemeinsames Spielen und Lernen als Normalität kennenzulernen.

Die Täter und Täterinnen:
Die Planung und Durchführung eines gezielten Massenmordes innerhalb des ehemaligen Deutschen Reiches erforderte in den entsprechenden dreißiger Jahren bis zum Kriegsende einen gut funktionierenden Organisationsapparat. Hunderte Verwaltungsangestellte, Juristen, Handwerker, Schwestern, Pfleger, Ärzte und Ärztinnen arbeiteten in den Verwaltungen, Psychiatrien, Universitäten, Heimen und Gesundheitsämtern. Zu viele waren beteiligt, zum Teil wissend oder nur ahnend, aktiv oder passiv.

In diesem Beitrag sollen Anregungen und Hilfen zur unterrichtlichen Behandlung des Themas „Euthanasie" im Dritten Reich vorgestellt werden, in der Hoffnung, daß sich mehr Lehrer/innen und Schüler/innen an dieses etwas schwierige Thema wagen und durch ihr Interesse und Erfahrungen andere motivieren und interessieren.

Zugangswege

Das Thema kann in den Fächern Geschichte, Sozialkunde, Gemeinschaftskunde und Religion und dort ab dem 9. Jahrgang behandelt werden. Die Unterrichtseinheit „Euthanasie" im Dritten Reich kann innerhalb des Gesamtkomplexes Nationalsozialismus in Deutschland 1933 bis 1945 oder auch als exemplarischer Einstieg dienen. In der Oberstufe bietet sich die Behandlung dieses Themas als Vertiefung oder Ergänzung der NS-Thematik an.

Probleme des Zugangs zum Thema „Euthanasie" ergeben sich aus möglichen Vorbehalten, Vorurteilen und Ängsten, die gegenüber geistig und/oder körperlich Behinderten vorhanden sein können. Die Fremdheit der Personengruppe, die von der „Euthanasie"-Aktion betroffen waren, birgt vorerst Schwierigkeiten für die unterrichtliche Behandlung in sich. Wichtiges Ziel wäre deshalb, die Grenzen zwischen Unbekanntem und Unverständlichem an einigen Stellen aufzubrechen und Alltag und Leben der behinderten Kinder und Erwachsenen den Schüler/innen näher zu bringen. Diese Forderung läßt das Thema fächerübergreifend werden und die unterrichtliche Behandlung beinhaltet außer den vielen kognitiven, auch wichtige soziale und affektive Lernziele.

Vorschläge für den unterrichtlichen Zugang bzw. Einstieg:

- Projektwoche: Begegnung mit geistig und/oder körperlich Behinderten in einem Landschulheim o. ä. (auf freiwilliger Ebene) oder Besuch eines Heimes bzw. einer Werkstatt für Behinderte.

  Eine Projektwoche ermöglicht über einen notwendigen längeren Zeitraum den behinderten und nicht behinderten Kindern, sich in alltäglichen Situationen kennenzulernen, den Umgang miteinander zu üben. Ähnliches kann auch versucht werden durch den ganztägigen Besuch einer Werkstatt für Behinderte oder eines Heimes in dem behinderte Kinder leben.

- Außenseiter/Randgruppen in unserer Gesellschaft am Beispiel der Behinderten (Tagesabläufe von behinderten Kindern)

  Die von unserer Gesellschaft definierte „Normalität“ definiert auch die „Anormalität“, schafft Außenseiter und damit Randgruppen. Welches Verhalten, welches Aussehen ist denn abweichend und warum sollten diese Menschen ausgegrenzt werden?

  Wie verhalten wir uns ihnen gegenüber? Der Kontakt zu sogenannten Außenseitern hilft überkommene Vorurteile abzubauen, schützt durch die „Beziehung“ der Menschen untereinander vor falschem, verhängnisvollem Handeln, wie es im Dritten Reich folgenschwer und öffentlich stattfand. „Krank und alt“ darf nie wieder als „unnütz und lebensunwert“ definiert werden.

- Fallbeispiele

  Der unterrichtliche Einstieg über Fallbeispiele (z. B. durch Briefe, Tagebuchaufzeichnungen von Gleichaltrigen, Eltern, Geschwistern u. a.; biografische Texte) soll eine affektive Bereitschaft schaffen – von abstrakten Zahlen, unbekannten Institutionen und fremden Krankheitsbegriffen ablenken – und die Schüler/innen über den direkten Bezug motivieren. Etwa 5000 Kinder wurden im Rahmen der „Kindereuthanasie“ getötet und viele Hilfsschüler/innen zwangssterilisiert.

- Interview mit heute noch lebenden Betroffenen, z. B. Zwangssterilisierten.

  Opfer der NS-Zwangssterilisationen und „Euthanasie“-Verbrechen haben sich seit 1987 im Bund der „Euthanasie“-Geschädigten und Zwangssterilisierten e. V. zusammengeschlossen (Adresse: Büro, Schorenstr. 12, 4930 Detmold, Tel. 05231/58202). Ein Gespräch zwischen einer von der Zwangssterilisation betroffenen Person (Zeitzeuge/in) und einer interessierten Schülergruppe kann zur Auseinandersetzung mit dem Thema anregen und Sensibilität im Umgang mit dem Thema entwickeln. Die Problematik der Anerkennung der Zwangssterilisierten als Opfer von NS-Verbrechen kann dabei gleich diskutiert und problematisiert werden.

- Aktueller Bezug über Zeitungsberichte über die heutige Euthanasie-Diskussion, „Euthanasie"-Prozesse u. a.

  Über einen aktuellen Einstieg (z. B. durch einen Zeitungsartikel) kann die Betroffenheit in bezug auf die Frage „Kann so etwas heute wieder passieren?" ausgelöst werden. Welche Gefahren bestehen für uns und andere, gibt es Ähnlichkeiten zur Geschichte, was müssen wir wissen, um etwas dagegen tun zu können?

Ein Besuch der „Euthanasie"-Gedenkstätte des Landeswohlfahrtsverbandes Hessen im Psychiatrischen Krankenhaus in Hadamar bei Limburg ist zu empfehlen. In der Gedenkstätte ist eine Ausstellung zu besichtigen, in der die Ereignisse vor Ort dokumentiert, erfahrbar und vorstellbar sind. Innerhalb der Gedenkstätte werden Führungen angeboten, die nach Absprache mit den Lehrern/innen auf die Interessen, Themenschwerpunkte und das Alter der Schüler/innen abgestimmt werden können. Bibliothek, Seminar- und Medienräume erlauben demnächst auch das Lernen vor Ort, z. B. anhand kopierter Originaldokumente, Schülermaterialien und der Präsenzbibliothek. Von einem unvorbereiteten Besuch in der „Euthanasie"-Gedenkstätte in Hadamar, z. B. als Einstieg, ist abzuraten, da die Schüler/innen erschüttert, belastet und überfordert werden könnten. Darauf kann Ablehnung entstehen, die zu Beginn des Themas schon unüberwindbare Hürden bei einigen Schüler/innen aufbauen würde. Informationen über die „Euthanasie"-Gedenkstätte in Hadamar sind erhältlich über das Psychiatrische Krankenhaus, 6253 Hadamar, Tel. 06433/801 oder Landeswohlfahrtsverband Hessen, Hauptverwaltung, Ständeplatz 6–10, 3500 Kassel, Tel. 0561/1004-0.

Lernziele

- Es soll den Schülern/innen ermöglicht werden, Vorurteile und Ängste gegenüber körperlich und geistig behinderten kranken Menschen abzubauen.
- Die Scham- und Hemmschwelle und das Mißtrauen gegenüber Opfern, z. B. den Zwangssterilisierten, soll von den Schülern/innen überwunden werden.

- Die Schüler/innen sollen in der Herausbildung von Verantwortungsbewußtsein gegenüber Schwächeren und Benachteiligten unserer Gesellschaft und in ihrer Fähigkeit zur Ideologie-, Obrigkeits- und Wissenschaftskritik gefördert und bestärkt werden.
- Auch heute ist eine Gesellschaft nicht frei von Diskriminierungen sogenannter Randgruppen oder Einzelpersonen. Sie vollziehen sich jedoch auf anderen Ebenen, sind häufig subtiler und deswegen schwerer zu erkennen. Durch die Offenlegung dieser Mechanismen am Beispiel der „Euthanasie" in der Zeit des Nationalsozialismus soll es den Schülern/innen ermöglicht werden, heutige gesellschaftliche Diskriminierungen und Ausgrenzungen zu erkennen, um sich eine eigene Meinung bilden und dagegen angehen zu können.
- Die Schüler/innen sollen gesellschaftliche und psychologische Ursachen und Mechanismen erkennen lernen, die Menschen unter bestimmten politischen Verhältnissen zu Tätern/innen und Opfern werden lassen.
- Die Schüler/innen sollen erkennen, daß die Würde des Menschen und das Recht auf Leben und körperlicher Unversehrtheit unantastbare moralische und ethische Grundwerte einer demokratischen und humanen Gesellschaft sind.

Inhaltliche Lernziele werden hier nicht genannt. Sie ergeben sich aus der Schwerpunktsetzung innerhalb des Themas „Euthanasie" im Nationalsozialismus und dem zeitlichen Umfang der Unterrichtseinheit.

Anregungen für Unterrichtseinheiten

Wie oben angesprochen, gibt es verschiedene Zugangswege und Einordnungsmöglichkeiten des Themas „Euthanasie" in den Gesamtkomplex Nationalsozialismus. Die im folgenden genannten Titel für Unterrichtseinheiten oder -sequenzen sind Anregungen und zeigen auf, welche verschiedenen Schwerpunktsetzungen z. B. auch innerhalb des Themas möglich sind:

- „Euthanasie" und der Lebensborn e. V. – zur Rassen- und Bevölkerungspolitik im Dritten Reich.
- „Ballastexistenzen, lebensunwertes Leben" – vom Hilfsschüler zum unheilbar Kranken.
- Systematische Vernichtungspolitik – über die „Euthanasie" zum Holocaust.
- Die Vernichtung „lebensunwerten" Lebens zur Rettung des „Deutschen Volkes" – Gesundheits- und Sozialpolitik im Nationalsozialismus.
- „Wer nicht arbeitet, soll auch nicht essen" – das Schicksal von „unproduktiven" Menschen im Dritten Reich.
- Medizin und Gesundheitspolitik in Deutschland von 1933 bis 1945 am Beispiel der „Euthanasie".

Im Rahmen einer Unterrichtseinheit über „Euthanasie“ sollten folgende Ereignisse behandelt werden:

- Ideengeschichtliche Entwicklung des Euthanasiegedankens vor 1933;
- Sozialpolitik im Dritten Reich;
- Das Gesetz zur Verhütung erbkranken Nachwuchses vom 14. Juli 1933;
- Die „Kindereuthanasie“;
- Die „Aktion T 4“ von 1939–1941;
- Die „wilde Euthanasie“ von 1941–1945;
- Die Reaktionen von Bevölkerung und Kirche;
- Die Prozesse nach 1945.

Hilfen für den Unterricht an Krankenpflegeschulen

Für Krankenschwestern und Krankenpfleger ist Euthanasie ein notwendiges Thema, denn Krankenpflege schließt auch die Pflege der Sterbenden ein. Pflege des Sterbenden bedeutet für unsere Berufsgruppe, daß wir in allen Phasen des Sterbens den Patienten begleiten. So werden wir mit der eigenen Angst vor dem Sterben und den eigenen Wünschen an das Leben bzw. mit dem Tod ständig konfrontiert. In der jüngsten Vergangenheit wurde von den Medien wirksam gezeigt, das Sterbehilfe als „Beihilfe zum Selbstmord“ juristisch keine strafbare Handlung darstellt. Zu welchen furchtbaren Auswüchsen falsch verstandene Sterbehilfe fähig ist, konnten wir in den Nachrichten verfolgen.

So ist Euthanasie nicht ein Thema der Vergangenheit und nur mit den Nationalsozialisten verbunden, sondern ein ständiges Thema, mit dem es sich ernsthaft auseinanderzusetzen gilt. Besonders für unsere Berufsgruppe bedarf es dieser ständigen Auseinandersetzung, denn wir begleiten den Sterbenden durch unsere berufliche Tätigkeit bis zur letzten Minute seines Lebens.

Zugangswege

Krankenschwestern und Krankenpfleger müssen in der Ausbildung zu ihrem Beruf genügend Informationen über die „Euthanasie“, die politischen, wirtschaftlichen, sozialen und juristischen Hintergründe, die zu den Massenvernichtungen im Dritten Reich geführt haben, erhalten. Ebenso wichtig sind das Verständnis um die politischen, wirtschaftlichen, sozialen und juristischen Entwicklungen nach dem 2. Weltkrieg. Es stellen sich Fragen nach sich wandelnden Wertvorstellungen; z. B. wie ist mein Verhältnis zu mir, zum Mitmenschen, zur Natur, zum Leben, zum Tod.

Diese Fragen spielen in allen Fächern, die während der Krankenpflegeausbildung unterrichtet werden, eine entscheidende Rolle. Es muß gelingen, für die grundsätzlichen Fragen im Unterricht glaubhafte Antworten gemeinsam zu finden.

In der *Berufskunde* können z. B. die geschichtlichen Hintergründe, die zu den Massenvernichtungen geführt haben, analysiert werden.

In der *Gesetzeskunde* sollen die Artikel des Grundgesetzes auf die Menschenrechte befragt werden. Welcher Rahmen wird für unser Verhalten durch das Strafgesetzbuch heute abgesteckt?

In der *Staatsbürgerkunde* müßten die Gefahren, die durch politische Strukturen entstehen können, erarbeitet werden. Dabei sind die Kenntnisse über die Vergangenheit Voraussetzung.

Im Rahmen der *Psychologie* kann die Krankenpflegeschülerin und der Krankenpflegeschüler Erfahrungen sammeln im Umgang miteinander. Sie können Möglichkeiten der Konfliktbewältigung kennenlernen, mit der Angst lernen umzugehen, die Gefahren der Manipulation erkennen.

In der *Krankheitslehre*, besonders im Fachgebiet der Psychiatrie, sollte gelernt werden, vorsichtig mit Diagnosen und Prognosen umzugehen. Es muß gelernt werden, daß man Entscheidungen überprüfen muß, um erforderlichenfalls Korrekturen vornehmen zu können, denn mit Vorurteilen behaftete Diagnosen, wie „Psychotiker" oder „Querulant" führten im Dritten Reich zum Tode.

Besonders in der Krankenpflege bieten sich Möglichkeiten, aus den „Euthanasie"-Verbrechen zu lernen und das Erlernte zur Grundlage konkreten Handelns zu machen. Gerade die psychiatrische Krankenpflege muß neue Handlungsperspektiven eröffnen, die Fähigkeit zur Toleranz einschließen. Der würdige Umgang mit Menschen, auch bei der Pflege des Sterbenden, muß im Mittelpunkt auch der Ausbildung stehen, nicht die Vermittlung von Fachwissen. Denn, in jedem krankenpflegerischen Umgang mit Kindern, Alten, Tumorkranken oder Operierten wird sich die Frage nach einem menschenwürdigen Leben und Sterben stellen.

Diese möglichen Zugangswege in der Krankenpflege zu dem Thema „Euthanasie" können nur positive Auswirkungen haben, wenn während und nach der Ausbildung andere Voraussetzungen auch gegeben sind. So muß sich die Krankenpflege als eigenständige, selbstverantwortliche Berufsgruppe erkennen, Handlungstheorien entwickeln und umsetzen.

„Führerprinzipien" müssen durch sozialintegrative Stile ersetzt werden. Partnerschaftliche Leistungen erweisen sich als weniger „machtanfällig". Teamfähigkeit sollte gelehrt, praktiziert und entwickelt werden. Diese erstrebenswerten Fähigkeiten sollen keine leeren Worthülsen bleiben, sondern Grundlage für den Umgang untereinander sowie zum Patienten sein. Nur so können tragfähige Beziehungen aufgebaut werden.

Lernziele

Um aus der „Euthanasie“ im Dritten Reich, den Ursachen die dazu führten und den Gefahren, die auch heute noch bestehen, die notwendigen Verhaltenskonsequenzen ableiten zu können, sind selbstkritische, wissende, emanzipierte Krankenschwestern und Krankenpfleger die Voraussetzung. Für diese anzustrebenden Verhaltensweise kann man nur Richtlernziele vorschlagen:

- Die Krankenpflegeschüler/innen sollen lernen, im Umgang mit Menschen eine tragfähige Beziehung aufzubauen, zu ertragen und angemessen zu verändern.
- Die Krankenpflegeschüler/innen sollen aus den derzeitigen Krankenpflegetheorien Handlungskompetenzen für ihr späteres Arbeitsgebiet ableiten können.
- Die Krankenpflegeschüler/innen sollen die Eigenständigkeit ihres Berufes erkennen und fördern lernen.
- Die Krankenpflegeschüler/innen sollen umfassende Kenntnisse erwerben, die eine allgemeine Grundlage für ihren späteren beruflichen Werdegang darstellen.
- Die Krankenpflegeschüler/innen sollen sich als selbständige, emanzipierte, kritikfähige Menschen weiterentwickeln können.
- Die Krankenpflegeschüler/innen sollen die Bedeutung und Fähigkeit der Kommunikation und Kooperation mit ihrer eigenen und anderen Berufsgruppen im Krankenhaus erweitern.
- Die Krankenpflegeschüler/innen sollen ermessen, welche gesellschaftlichen Rahmenbedingungen Einfluß auf die Pflege der Patienten und auf die Krankenschwestern und Krankenpfleger haben und überlegen, welche persönlichen Aktivitäten von ihnen notwendig sind.
- Die Krankenpflegeschüler/innen sollen die Notwendigkeit und die Abhängigkeit der ganzheitlichen patientenzentrierten Pflege verstehen und versuchen, sie durchzuführen oder alternative Lösungsvorschläge machen.
- Die Krankenpflegeschüler/innen sollen bestehende Werte in der Krankenpflege kritisch hinterfragen, um zu eigenen Wertvorstellungen zu kommen.
- Die Krankenpflegeschüler/innen sollen die Notwendigkeit einer kontinuierlichen Fort- und Weiterbildung erkennen und nutzen.
- Die Krankenpflegeschüler/innen sollen aus ihrer Situation als Krankenpflegeschüler/innen und angehende Krankenschwester/Krankenpfleger sowie als Mitarbeiter in einem multiprofessionellen Team die Notwendigkeit der Pflegeplanung und Pflegedokumentation erkennen und durchführen.

Anregungen zur Unterrichtsgestaltung

Bei der gesamten Unterrichts-, Fortbildungs- und Weiterbildungsgestaltung in der Krankenpflege muß die Menschenwürde und die Nächstenliebe neben dem selbständigen Fachwissen die höchste Stelle einnehmen und darf das Sterben bzw. den Tod nicht ausschließen. Studienfahrten zu Gedenkstätten, Diskussionsrunden mit Betroffenen (solange noch möglich), das Wissen um die Position des eigenen Krankenhauses während des Dritten Reiches, machen uns sicherlich weniger „anfällig". Wir sollten auf keinen Fall, z. B. abgehoben in einem Fach wie „Ethik", mit schönen Worten schlimme Taten verdecken.

Die Unterrichtsschwestern und Unterrichtspfleger des LWV haben im Juni 1989 eine Arbeitsgruppe gebildet die zum Ziel hat, ein Curriculum zum Thema „Wie kann die nationalsozialistische Zeit im Hinblick auf die Krankenpflegeausbildung aufgearbeitet und vermittelt werden" zu erarbeiten.

Literaturempfehlungen

Die folgenden Literaturempfehlungen stellen einen kleinen Überblick über die inzwischen reichhaltige Literatur zum Thema „Euthanasie" dar. Wert wurde dabei auf kurze allgemeine Darstellungen und regionalgeschichtliche Studien gelegt. Die wenigen, bisher veröffentlichten Unterrichtsbeispiele sind ebenfalls aufgeführt. Besonders sei hier auf die 1988 erscheinenden Materialien zum Unterricht des hessischen Instituts für Bildungsplanung und Schulentwicklung mit dem Titel „Die sind doch alle unheilbar" Zwangssterilisation und Tötung der „Minderwertigen" im Rheingau 1934–1945, erarbeitet von Horst Dickel, hingewiesen.

Allgemeine Darstellungen

ALY, GÖTZ (1987) Aktion T 4 1939–1945. Die „Euthanasie"-Zentrale in der Tiergartenstraße 4. Berlin (206 S.)

BOCK, GISELA (1986) Zwangssterilisation im Nationalsozialismus. Opladen (465 S.)

BROMBERGER, BARBARA/MAUSBACH, HANS (1987) Feinde des Lebens. NS-Verbrechen an Kindern. Frankfurt a. M. (302 S., Kapitel „Kindermord, getarnt als ‚Euthanasie'" S. 63–68)

DÖRNER, KLAUS (1967) Nationalsozialismus und Lebensvernichtung. In: Vierteljahrshefte für Zeitgeschichte. 15 (1967) H. 2, S. 121–152

KLEE, ERNST (1983) „Euthanasie“ im NS-Staat. Die „Vernichtung lebensunwerten Lebens“. Frankfurt a. M. (456 S.)

KOGON, EUGEN/LANGBEIN, HERMANN/RÜCKERL, ADALBERT u. a. (1983) (Hg.) Nationalsozialistische Massentötung durch Giftgas. Frankfurt a. M. (299 S., Kapitel „Euthanasie“ S. 27–80)

MEYER, JOACHIM-ERNST (1987) Von der Zwangssterilisierung zur „Euthanasie“. Vortrag am 7. November 1987 im Psychiatrischen Krankenhaus Emstal-Merxhausen, veröffentlicht in diesem Band.

PLATEN/HALLERMUND, Alice (1948) Die Tötung Geisteskranker in Deutschland. Frankfurt a. M. (199 S.)

SCHMUHL, HANS-WALTER (1987) Rassenhygiene, Nationalsozialismus, Euthanasie. Von der Verhütung zur Vernichtung „lebensunwerten Lebens“ 1890–1945. Göttingen (371 S.)

Darstellungen über Ereignisse in hessischen Psychiatrien

GÖBEL, PETER/THORMANN, HELMUT E. (1985) Verlegt – vernichtet – vergessen . . . ? Leidenswege von Menschen aus Hephata im Dritten Reich. Eine Dokumentation. Schwalmstadt (75 S.)

KLÜPPEL, MANFRED (1985) „Euthanasie“ und Lebensvernichtung 1933–1945. Auswirkungen auf die Landesheilanstalten Haina und Merxhausen. Kassel (78 S.)

LANDESWOHLFAHRTSVERBAND HESSEN (1989) „Mensch – achte den Menschen“. Frühe Texte über die Euthanasieverbrechen der Nationalsozialisten in Hessen. Gedenkstätten für die Opfer. Kassel (83 S., 3. Auflage)

ROER, DOROTHEA/HENKEL, DIETER (1986) (Hg.) Psychiatrie im Faschismus. Die Anstalt Hadamar 1933–1945. Bonn (383 S.)

SCHRAPPER, CHRISTIAN/SENGLING, DIETER (1988) (Hg.) Die Idee der Bildbarkeit. 100 Jahre sozialpädagogische Praxis in der Heilerziehungsanstalt Kalmenhof. Weinheim (356 S.)

SICK, DOROTHEA (1983) „Euthanasie“ im Nationalsozialismus am Beispiel des Kalmenhofes in Idstein im Taunus. Frankfurt a. M. (122 S.)

Darstellungen über die Medizin und das medizinische Personal

EBBINGHAUS, ANGELIKA (1987) (Hg.) Opfer und Täterinnen. Frauenbiographien des Nationalsozialismus. Nördlingen (336 S.)

KLEE, ERNST (1986) Was sie taten – was sie wurden. Ärzte, Juristen und andere Beteiligte am Kranken- und Judenmord. Frankfurt a. M. (277 S.)

MITSCHERLICH, ALEXANDER/MIELKE, FRED (1985) (Hg.) Medizin ohne Menschlichkeit. Dokumente des Nürnberger Ärzteprozesses. Frankfurt

a. M. (282 S., Kapitel „Euthanasieprogramm – Ausmerzung unerwünschten Volkstums – Massensterilisation" S. 183–274)
STEPPE, HILDE/KOCH, FRANZ (1986) Krankenpflege im Nationalsozialismus. Frankfurt a. M. (153 S.)

Darstellung über die Haltung der Justiz

FRIEDRICH, JÖRG (1985) Die kalte Amnestie. NS-Täter in der Bundesrepublik. Frankfurt a. M. (424 S., Kapitel Euthanasiepersonal S. 179–189)
GRUCHMANN, LOTHAR (1972) Euthanasie und Justiz im Dritten Reich. In: Vierteljahrshefte für Zeitgeschichte. 20 (1972). S. 235–279

Didaktisch-methodische Aufsätze

CLOERKES, GÜNTHER (1980) Soziolkulturelle Bedingungen für die Entstehung von Einstellungen gegenüber Behinderten. In: Vierteljahreszeitschrift für Heilpädagogik und ihre Nachbargebiete. 49 (1980) H. 3. S. 259–273
GERS, DIETER (1979) Der Hilfsschüler im Faschismus. Unterrichtseinheit. In: Demokratische Erziehung. 5 (1979) H. 4. S. 465–475
ZELLER, DIETER (1985) Aspekte zur „Unfruchtbarmachung von Sonderschülern in nationalsozialistischer Zeit" im Unterricht der Schule für Lernbehinderte. In: Zeitschrift für Heilpädagogik. 36 (1985) H. 3. S. 198–201

Unterrichtsmaterialien

DICKEL, HORST (1988) „Die sind doch alle unheilbar". Zwangssterilisation und Tötung der „Minderwertigen" in Rheingau 1934–1945. Herausgegeben vom Hessischen Institut für Bildungsplanung und Schulentwicklung.

Quellentexte

ALY, GÖTZ/CHROUST, PETER/HEILMANN, H. D. u. a. (1987) Biedermann und Schreibtischtäter. Materialien zur deutschen Töter-Biographie. Berlin (201 S.)
CHROUST, PETER (1987) (Hg.) Friedrich Mennecke, Innenansichten eines medizinischen Täters im Nationalsozialismus. Eine Edition seiner Briefe 1935–1947. 2 Bde. Hamburg (1616 S.)
KLEE, ERNST (1985) (Hg.) Dokumente zur „Euthanasie". Frankfurt a. M. (325 S.)

LEIPERT, MATTHIAS/STYRNAL, RUDOLF/SCHWARZER, WINFRIED (1987) Verlegt nach unbekannt. Sterilisation und Euthanasie in Galkhausen 1933–1945. Köln (= Landschaftsverband Rheinland. Archivberatungsstelle) (249 S.)

Weiteres Quellenmaterial findet sich in regionalgeschichtlichen Veröffentlichungen (s. o.).

Eine ausführliche Übersicht der einschlägigen Veröffentlichungen vor 1945 findet sich bei Schmuhl, S. 475–489.

Kostenlos ist bei der Bundeszentrale für politische Bildung in Bonn die von Ulrike Puvogel erstellte Sammlung „Gedenkstätten für die Opfer des Nationalsozialismus. Eine Dokumentation". (Bonn 1987) zu erhalten.

Abbildungs- und Dokumentennachweis

Abbildung Nr. 1:
Gesetz zur Verhütung erbkranken Nachwuchses vom 14. 7. 1933
Reichsgesetzblatt I 1933 Nr. 86 vom 25. 7. 1933, S. 529 ff.

Abbildung Nr. 2:
„,Euthanasie'-Erlaß" Adolf Hitlers vom 1. 9. 1939
Bundesarchiv, Best. R 22/4209

Abbildung Nr. 3:
Meldebogen I
Archiv des LWV Hessen, Best. Haina Nr. Pat. 166

Abbildung Nr. 4:
Gedenkstein in Meseritz-Obrawalde (Polen)
Foto: Ralf Seidel

Abbildung Nr. 5:
Mitteilung „Behandlung mißgestalteter Neugeborener"
Deutsches Ärzteblatt 70 Jg. Heft 29/30 vom 27. 7. 1940

Abbildung Nr. 6:
Gedenkstein „Sie ruhen in Frieden", 1955
von Wilhelm Hugues
Außenstelle Guxhagen des Psychiatrischen Krankenhauses Merxhausen, Emstal
Foto: Peter Lutze/LWV Hessen

Abbildung Nr. 7:
Tafel „Zum Gedenken . . .", 1983
Außenstelle Guxhagen des Psychiatrischen Krankenhauses Merxhausen, Emstal
Foto: Peter Lutze/LWV Hessen

Abbildung Nr. 8:
Ausschnitt aus der Krankenakte über Luise . . .
Archiv des LWV Hessen, Best. Hadamar Nr. 1575
Die handschriftliche Eintragung lautet: Hadamar, 13. 1. 43.

Seit längerer Zeit bettlägerig wegen Schwäche. Seit einigen Tagen rapider Verfall und Herzschwäche. Heute exitus an Marasmus (= allgemeiner Verfall, Auszehrung; Anm. d. Red.).

Abbildung Nr. 9:
Baracke am Eingang zur Gaskammer der damaligen Tötungsanstalt Hadamar
undatiertes Foto
Deutsche Presseagentur, Kast. Nr. 101–8, 72861

Abbildung Nr. 10:
Patientenzimmer der damaligen Heil- und Pflegeanstalt Hadamar
undatiertes Foto
Deutsche Presseagentur, Kast. Nr. 101–8, 72861

Abbildung Nr. 11:
Schreiben des Oberpräsidenten, Kassel vom 18. 3. 1938,
betr. die Verlegung von Patienten der Anstalten Hephata in Einrichtungen des Bezirksverbandes.
P. Göbel/H. E. Thormann (1985) Verlegt – vernichtet – vergessen . . .? Beiträge aus Hephata zum kirchlich-diakonischen Handeln (2). Schwalmstadt

Abbildung Nr. 12:
Runderlaß „Aufnahme jüdischer Geisteskranker in Heil- und Pflegeanstalten" des Reichsministers des Innern vom 12. 12. 1940
Ministerialblatt des Reichs- und Preußischen Ministeriums des Innern, 5. (101.) Jg. 1940 II S. 2262

Abbildung Nr. 13:
Ausstellung in der Gedenkstätte Breitenau, Guxhagen
Foto: Peter Lutze/LWV Hessen

Abbildung Nr. 14:
Ausstellung in der Gedenkstätte Mönchberg, Hadamar
Foto: Peter Lutze/LWV Hessen

Abbildung Nr. 15:
Zeitungsbericht und -foto „Betroffenheit bei Siebtklässlern"
Ausschnitt aus Wiesbadener Tagblatt, 11./12. 5. 1988

Das Wort „Als die Nazis die Kommunisten holten, . . ." von D. Martin Niemöller entstand in einem Predigtnachgespräch am 16. April 1976 (Ostermontag) in Kaiserslautern-Siegelbach. Wir danken dem Zentralarchiv der

Evangelischen Kirche in Hessen und Nassau für die Überlassung des Originaltextes.

Das Gedicht „Die immer wieder sich erheben . . . “ haben wir mit Erlaubnis des Autors entnommen aus „Gesicht sein“ von Ralf Rainer Reimann (1985) Augsburg, 2. Auflage.

Symposium „Psychiatrie im Nationalsozialismus“ am 7. November 1987 im Psychiatrischen Krankenhaus Merxhausen

Tagungsprogramm

9.00 Uhr	Begrüßung H. Kunze, Emstal-Merxhausen
9.15 Uhr	**Alle sind betroffen** Beteiligung hessischer Einrichtungen an der NS-Psychiatrie I. Gaertner, Kassel
9.30 Uhr	**Von der Zwangssterilisation zur „Euthanasie“** J. E. Meyer, Göttingen
10.30 Uhr	Kaffeepause
11.00 Uhr	**Die 2. Phase der „Euthanasie“** Geplante oder „wilde“ Fortsetzung der Massenmorde? R. Seidel, Mönchengladbach-Rheydt
12.00 Uhr	**Der „Lebensborn e. V.“** Förderung „wertvollen“ Lebens als Kontrast zur Vernichtung „lebensunwerten“ Lebens G. Lilienthal, Mainz
13.00 Uhr	Mittagessen

14.00 Uhr **Arbeitsgruppen** (parallel)
Gelegenheit zum Informations- und Erfahrungsaustausch
AG 1: Einrichtungen im Bereich des ehemaligen Bezirkskommunalverbandes Wiesbaden
AG 2: Einrichtungen im Bereich des ehemaligen Bezirkskommunalverbandes Kassel
AG 3: Einrichtungen im ehemaligen Gebiet Hessen-Darmstadt
AG 4: Gedenkstätten stellen ihre Arbeit vor
AG 5: „Euthanasie" im Dritten Reich. Ein Thema für die Schule?

15.30 Uhr K a f f e e p a u s e

16.00 Uhr **Verdrängen oder annehmen?**
Über den Umgang mit dem Nationalsozialismus heute
D. Krause-Vilmar, Kasssel

17.00 Uhr Schlußwort
I. Gaertner, Kassel

Autorenverzeichnis

DICKEL, HORST	Dr., Historiker, Lehrer, Wiesbaden
DONSBACH, ALBERT-PETER	Leitender Unterrichtspfleger Herborn
GAERTNER, IRMGARD	Landesdirektorin des Landeswohlfahrts- verbandes Hessen, Kassel
GOEBEL-BRAUN, PETER	Pfarrer, Dipl. Pädagoge Schwalmstadt-Treysa
HAMANN, MATTHIAS	Arzt Hannover
KLUEPPEL, MANFRED	Lehrer Seelze
KRAUSE-VILMAR, DIETFRID	Prof., Dr., Hochschullehrer Kassel
KRUPP, INGRID	Dr., M. A., Leiterin der Gedenkstätte Mönchberg 1987 bis 1989 Hadamar
LILIENTHAL, GEORG	Dr., Medizinhistoriker Mainz
MEYER, JOACHIM-ERNST	em. Prof., Dr., Psychiater Göttingen
RICHTER, GUNNAR	stv. Leiter der Gedenkstätte Breitenau Guxhagen
RIESS, VOLKER	Historiker Eberstadt
SEIDEL, RALF	Dr., Psychiater Mönchengladbach-Rheydt
WINTER, BETTINA	Leiterin des Gedenkstättenwesens beim Landeswohlfahrtsverband Hessen Kassel